일어나라

일어나라

이찬수 지음

규장

프롤로그

절망의 자리를 떨치고
기드온처럼 일어나라!

　　언젠가 〈분통 터지는 세상에서〉라는, 조금은 과격한 제목으로 설교 말씀을 전한 적이 있다. 그랬더니 제목 하나만으로도 공감이 된다는 사람들이 많았다. 사실 우리가 살고 있는 이 시대는 전 세계적으로 분노와 울분으로 가득한 시대이다. 어디서건 조금만 건드리면 '꽉' 찬 울분이 '툭' 하고 터지는 시대에 우리는 살고 있다.

　　영국, 칠레 등 유럽과 중남미에서 청년들을 중심으로 일어난 폭동 사태, 이집트와 리비아를 위시한 중동 지역에서 일어난 격렬한 민주화 시위, 미국의 중심가라고 하는 뉴욕에서 '가진 자들의 탐욕'에 대한 울분으로 "1퍼센트 대 99퍼센트"라는 구호를 외치며 월가를 점령한 시위행진 등 세계 곳곳이 울분과 분노의 대폭발 현장이다. 이는 우리나라도 예외는 아니다.

언젠가 신문에서 "당신은 현실에 만족하는가?"라는 주제로 실린 기사를 본 적이 있다. 내용인즉슨, 우리나라 20대부터 80대까지의 평범한 시민 18명을 만나 "현실에 만족하는지, 불만스럽다면 특히 무엇에 화가 나는지"를 물었는데, 조사 결과 이들 중에서 '현실에 만족한다'라고 답한 사람은 4명뿐이었다.

나머지 14명은 '불만이지만 만족하며 살려고 노력한다'에서부터 '현실이 너무 싫다' 등 다양한 반응과 답변을 내놓았다. 그 설문을 다룬 기사에서 "일부는 심지가 거의 타 들어간 다이너마이트처럼 곧 폭발할 듯한 모습이었다. 한 분노 치료 전문가는 과거에도 화를 참지 못해 병원을 찾는 환자들이 있었지만, 최근 몇 년 사이 이런 환자 수가 급증하고 증세도 다양해졌다고 말했다. 한국 사회, 한국 사람들은 지금 분노하고 있다"고 전했다. 그 기사에서 굵은 글씨로 다뤘던 짧은 글줄이 지금도 가슴에 남아 있다.

"나의 삶은 불행하다" … 18명 중 14명
"고로 나는 분노한다" … 14명 중 10명

분노의 뿌리

그런데 여기서 내가 주목하는 것은 이처럼 표면적으로 나타나는 분노의 뿌리가 '낙심'이라는 사실이다.

에베소서 6장 4절은 "또 아비들아 너희 자녀를 노엽게 하지 말고"라고 기록하고 있는데, 같은 내용을 다룬 골로새서 3장 21절을 보면 한마디가 더 부연되어 있다.

아비들아 너희 자녀를 노엽게 하지 말지니 낙심할까 함이라

우리는 이 두 병행구절에서 '노여움'과 '낙심'이 결국 같은 뿌리에서 나오는 감정임을 알 수 있다. 그리고 보면 지금 우리나라 젊은 세대들이 표출하고 있는 '울분과 분노' 역시 그 뿌리는 현실의 어두운 벽을 뚫을 힘이 없다는 '자괴감과 낙심'에 있다는 생각이 든다.

어느 글에선가 우리나라 젊은이들 사이에 회자되는 신조어들을 열거해놓은 것을 봤는데, 그것이 이 시대의 현실을 단적으로 보여주는 것 같아서 내 가슴을 시리게 했던 적이 있다. '이구백'은 '20대의 90퍼센트는 백수'의 약자이다. '장미족'은 '장기간 미취업자'의 약자, '청

'백전'은 '청년백수 전성시대'의 약자이며, '빌빌족'은 '취업 못하고 빈 둥거리는 사람', '대5족'은 '취업 못해 졸업 미루는 대학 5학년', '삼일절'은 '31세까지 취업 못하면 끝장', '삼초땡'은 '30대 초 명예퇴직'을 뜻하는 말이라는 것이다. 하나같이 냉소적이고 자조 섞인 내용들 아닌가? 그 내면에는 깊은 낙심과 좌절이 깔려 있는 것이다.

울분과 상처가 에너지가 되다!

나는 이런 힘겨운 현실을 살아가는 성도들을 섬기는 목회자의 한 사람으로서 깊은 고뇌로 기도하며 질문하지 않을 수 없었다.

'어떻게 하면 성도들의 이런 실제적 아픔을 도울 수 있을까요?'

'하나님, 무엇으로 낙심해 쓰러져 있는 성도들을 그 자리에서 벌떡 일어나게 할 수 있을까요?'

그러던 어느 날, 하나님께서는 내게 '기드온'이라는 한 인물을 추천해주셨다.

기드온, 그는 어떤 인물인가? 기드온이 살았던 당시 상황은 지금 우리 사회가 겪고 있는 아픔과 좌절과 비교할 수 없이 절망적인 시대였다. 파종할 때만 되면 어김없이 미디안과 아말렉의 군대가 쳐들어와 토지소산을 망쳐놓았고 먹을 것을 남겨두지 않고 쓸어가버렸다. 이런 일이 7년이나 계속됐다. 그러다 보니 이스라엘 백성의 궁핍과 고통은 극에 달했다.

그런 절망 속에 던져진 기드온은 현실의 벽에 갇혀 무력감과 패배감에 휩싸인 채 비굴하게 숨죽이고 있었다. 그런 나약한 기드온이 벌떡 일어나 이스라엘 백성을 오랜 고통에서 구해내는 멋진 지도자로 변신했다! 기드온의 울분과 상처가 오히려 민족을 살리는 에너지가 되었다.

그 과정을 살펴보면서 나는 나도 모르게 주먹을 불끈 쥐게 되었다. '바로 이것이다!' 하는 탄성과 함께 낙심한 기드온이 용사로 변화되는 과정을 성도들에게 보여줘야겠다는 생각을 했다.

나는 "기드온처럼 일어나라"라는 주제로 진행한 지난 가을 분당우리교회 특별새벽부흥회를 잊을 수 없다. 새벽 3시 30분부터 몰려들기 시작하는 수많은 성도들의 열심과 그들의 눈물, 그리고 시간이 갈수록 회복되는 그들의 열정을 보면서 얼마나 감사하고 감격했는지 모른다.

나 역시 매일 새벽마다 눈물을 흘렸다. 그동안 너무나 목말라 있었을 성도들의 갈증을 생각하며 울었고, 또 그 성도들이 얼마나 그 무기력한 자리를 떨치고 일어나고 싶어 했는지를 확인하며 울었다.
 그 감격을 떨칠 수가 없어서 그때 주셨던 하나님의 말씀들을 책으로 엮게 되었다. 이 책을 읽는 모든 독자들에게도 기드온과 같이 무기력과 패배감의 자리를 떨치고 일어나는 역사가 일어나기를 간절히 소원하고 기도한다.

이찬수

프롤로그

PART
01
현실의 벽을 깨뜨리고
주 앞으로 나오라

CHAPTER 1 | 고난의 악순환을 깨는 망치를 잡으라 14
CHAPTER 2 | 우리가 부르짖을 때 하나님이 응답하신다 34

PART
02
절망감과 패배감을 딛고
힘차게 일어나라

CHAPTER 3 | 하나님의 용사여, 그 자리에서 일어나라 56
CHAPTER 4 | 내 안에 있는 적을 먼저 다스리라 74
CHAPTER 5 | 두려움을 두려워하지 말라 88

CONTENTS

PART 03
성령의 능력으로
굳세게 서라

CHAPTER 6 | 성령충만할 때 진정한 능력이 나타난다 102
CHAPTER 7 | 두려움을 떨치는 영적 시스템을 작동시켜라 114
CHAPTER 8 | 하나님 없는 성공은 성공이 아니라 패망이다 128
CHAPTER 9 | 승리케 하신 하나님께 감격으로 예배하라 142

PART 04
늘 주님과 동행하여
끝까지 승리하라

CHAPTER 10 | 교만은 패망의 선봉이다, 끝까지 경계하라 160
CHAPTER 11 | 작은 일에 충성하는 당신이 하나님나라의 주인공이다 176
CHAPTER 12 | 삶의 결단으로 은혜의 강물이 넘쳐흐르게 하라 192

에필로그

우리가 찬바람을 맞으며 새벽예배에 참석해 하나님께 기도하는 이유가 무엇인가? 피곤을 무릅쓰고 철야기도회에 참석해 하나님께 부르짖는 이유가 무엇인가? 우리의 삶에 '이에'라는 망치가 필요하기 때문이다. 파종한 것들을 싹 거두어 가버리는 미디안 앞에서 벌벌 떨고 있는 이스라엘 백성 같은 우리의 현실을 청산하기 위해서는 '이에'의 능력을 체험해야 한다.

CHAPTER 01

고난의 악순환을 깨는 망치를 잡으라

우리는 살다 보면 난감한 일을 만날 때가 있다. 지금 이스라엘 백성들이 바로 그런 상황이다.

> 이스라엘 자손이 또 여호와의 목전에 악을 행하였으므로 여호와께서 칠 년 동안 그들을 미디안의 손에 넘겨주시니 미디안의 손이 이스라엘을 이긴지라 _삿 6:1,2_

사사 시대는 이스라엘의 범죄와 하나님의 징계 그리고 이스라엘의 회개와 하나님의 구원이 반복되는 시대였다. 이스라엘 백성들은 하나님을 온전히 신뢰하지 못하고 하나님 앞에 악을 행했다. 이에 하나님께서 진노하사 그들에게 벌을 내리시면, 그들은 다시 하나님께 돌아와 그분의 자비를 호소했다. 그러면 하나님께서는 다시 그들을 회복시켜주셨다. 그러나 그들은 또다시 하나님의 약속을 저버리고 악을 행했으며 다시금 찾아온 징계 앞에 하나님의 긍휼하심을 구했다. 이러한 과정이 반복되던 시대가 바로 사사 시대였다.

아이러니한 악순환

기드온은 이런 악순환 중간쯤에 등장한 사사인데, 그 시대의 배경이 되는 사사기 6장에서도 똑같은 상황이 벌어지고 있다.

> 이스라엘이 파종한 때면 미디안과 아말렉과 동방 사람들이 치러 올라와서 진을 치고 가사에 이르도록 토지소산을 멸하여 이스라엘 가운데에 먹을 것을 남겨두지 아니하며 양이나 소나 나귀도 남기지 아니하니 이는 그들이 그들의 짐승과 장막을 가지고 올라와 메뚜기 떼같이 많이 들어오니 그 사람과 낙타가 무수함이라 그들이 그 땅에 들어와 멸하려 하니 삿 6:3-5

이스라엘 백성들은 말 그대로 죽을 지경이다. 파종만 하면 미디안과 아말렉이 군대를 이끌고 쳐들어와 토지소산을 멸하고 먹을 것을 남겨두지 않고 쓸어가버리니, 그 궁핍함이 얼마나 극심했겠는가?

> 이스라엘이 미디안으로 말미암아 궁핍함이 심한지라 삿 6:6

한 해 동안 애써서 농사지은 곡식들을 적들에게 다 빼앗기고서 극심한 궁핍함을 느끼고 있는 이스라엘 백성들의 상황이 안타깝기 짝이 없다.

그런데 생각해보면 참으로 아이러니한 상황이다. 그들은 지금 하나님이 말씀하신 약속의 땅, 젖과 꿀이 흐르는 가나안에 들어와 있다. 우리가 잘 아는 것처럼, 가나안은 여호수아와 이스라엘 백성들이 치열한 정복 전쟁을 치르면서 입성한 꿈에 그리던 땅이 아닌가? 그런데 이스라엘 백성들은 지금 그토록 풍요로운 약속의 땅에서 궁핍함으로 고생하고 있는 것이다. 참으로 기가 막힌 상황이 아닐 수 없다.

그런데 조금 더 깊이 생각해보면, 이 모습이 딱 우리의 모습이다. 그리스도인이라면 모두 하나님이 말씀하신 풍성한 은혜의 약속을 믿는다. 그렇기 때문에 교회에 나와 하나님께 예배드리고 기도하는 것 아니겠는가? 그리고 하나님께서는 우리에게 그 풍성함과 부요를 넘치도록 부어주기를 원하는 분이시다. 하나님이 놀랍도록 풍성한 은혜와 복을 부어주시겠다는 약속으로 가득한 것이 바로 성경이다. 인터넷 성경 검색 프로그램에 '풍성'이란 단어를 한번 검색해보라. 얼마나 많은 약속의 말씀들이 검색되는지 모른다. 예를 들어, 에베소서 1장을 보자.

찬송하리로다 하나님 곧 우리 주 예수 그리스도의 아버지께서 그리스도 안에서 하늘에 속한 모든 신령한 복을 우리에게 주시되 … 우리는 그리스도 안에서 그의 은혜의 '풍성함'을 따라 그의 피로 말미암아 속량 곧 죄 사함을 받았느니라 엡 1:3,7

너희 마음의 눈을 밝히사 그의 부르심의 소망이 무엇이며 성도 안에서 그 기업의 영광의 '풍성함'이 무엇이며 그의 힘의 위력으로 역사하심을 따라 믿는 우리에게 베푸신 능력의 지극히 크심이 어떠한 것을 너희로 알게 하시기를 구하노라 엡 1:18,19

교회는 그의 몸이니 만물 안에서 만물을 충만하게 하시는 이의 '충만함'이니라 엡 1:23

이 짧은 구절 안에 얼마나 많은 풍성한 약속으로 넘치고 있는가? "모든 신령한 복을 우리에게 주시되", "그의 은혜의 풍성함을 따라", "그 기업의 영광의 풍성함이 무엇이며", "우리에게 베푸신 능력의 지극히 크심이", "만물을 충만하게 하시는 이의 충만함" 등 일일이 열거하기조차 힘이 든다.

그런데 솔직히 나는 이런 말씀들을 대할 때면 가끔씩 답답함을 느낀다. 하나님의 약속은 이토록 '풍성함' 그 자체인데, 오늘날 그리스도인의 모습은 이런 약속의 말씀과 전혀 상관없는 삶을 살아가는 경우가 너무 많기 때문이다. 또 교회가 이미 "만물을 충만하게 하시는 이의 충만함" 그 자체인데, 오늘날 교회는 영적(靈的) 빈곤을 호소하며 원망과 불평으로 가득 차 있다. 그 결과 교회가 세상의 비난과 손가락질을 받고 있는 것이 지금의 현실이다. 이 얼마나 분통 터질 노릇인가? 젖과 꿀이 흐르는 약속의 땅 가나안에서 극심한 궁핍을 겪었던 이스라엘의 상황과 풍성한 하나님의 은혜의 약속에도 불구하고 여전히 영적 빈곤을 호소하는 오늘날 우리의 모습은 결코 다르지 않다.

따라서 우리는 본문의 상황을 살펴보면서 우리가 왜 하나님이 약속하신 풍요를 누리지 못하고 있는지, 부요하신 하나님을 주님으로 모시고 살면서 정작 나 자신은 영육 간에 왜 여전히 가난하게 살 수밖에 없는지를 깊이 생각해보아야 한다.

나의 영적 빈곤 상태를 보라

우리가 살다 보면 우리의 의도와 다르게 다른 누군가에게 오해를 사기도 비난을 받기도 한다. 나 역시 목회를 하다 보니 많은 사람의 입에 오르내리며 이유 없이 비난을 받을 때가 있다. 그럴 때면 나도 사람인지라 마음이 상하곤 한다. 그러나 그런 비난의 소리보다 나를 더 힘들게 하는 것은 그 정도도 너그럽게 받아들이지 못하는 가난한 나 자신이다. 그럴 때면 풍요의 주인이신 주님 안에 거하고 있다고 하면서 여전히 가난한 내 자신이 견딜 수 없이 밉다.

원래 교회라는 곳이 미숙한 사람들이 많이 모이는 데 아닌가? 예수님도 "건강한 자에게는 의사가 쓸데없고 병든 자에게라야 쓸 데 있느니라"(마 9:12)라고 말씀하셨다. 그러므로 신앙생활을 하는 동안 누군가로 인해 마음이 상하고 서로에게 상처를 주고받는 일은 어찌 보면 지극히 자연스러운 일이다. 우리는 그 자체로 고민하고 억울해할 것이 아니라 풍요로운 마음을 품지 못한 자신의 모습을 돌아보며 '왜 나는 이런 부분에서 이토록 마음이 좁고 가난할 수밖에 없는가?'를 고민해야 한다. 그것이 나의 영적 빈곤 상태를 보여주고 있는 지표가 되기 때문이다.

원인과 결과

그렇다면 오늘날 우리가 경험하고 있는 이 영적 빈곤의 원인과 결과는 무엇인가? 사사 시대의 이스라엘 백성을 통해 살펴보자.

> 이스라엘 자손이 또 여호와의 목전에 악을 행하였으므로 삿 6:1

이스라엘 자손은 여호와 앞에서 악을 행했다. 그 결과 어떻게 되었는가?

> 이스라엘이 미디안으로 말미암아 궁핍함이 심한지라 삿 6:6

이스라엘 백성이 겪었던 극심한 궁핍과 고통은 그들이 여호와 앞에서 악을 행한 결과였다. 자업자득인 셈이다.

　이스라엘 백성들 입장에서는 눈에 보이는 적인 미디안이 미워서 어쩔 줄 몰랐을 것이다. 어쩌면 미디안의 '미' 자만 들어도 이를 부득부득 갈았을지 모르겠다. 그러나 미디안을 탓할 것이 없다. 물론 미디안이 악한 백성이기는 하지만, 따지고 보면 그들은 철없이 하나님 앞에서 악을 행하는 이스라엘 백성을 훈련시키기 위해 하나님이 택하신 도구 아닌가?

　내가 자주 하는 이야기가 있다. 다윗과 사울의 관계에 있어서, 다윗이 사울 때문에 죽을 고비도 여러 번 넘기며 많은 고생을 했지만, 사실 사울도 다윗 때문에 많이 힘들었을 것이다. 하나님께서 다윗을 훈련시키시는 과정에서 악역 역할을 맡은 사울 역시 다윗을 괴롭히느라 얼마나 고생이 많았겠는가? 경험해본 사람은 알겠지만 다른 사람에게 괴롭힘당하는 것보다 더 힘든 것이 누군가를 괴롭히는 일이다. 맞은 사람은 다리 뻗고 자도 때린 사람은 못 뻗고 잔다는 말도 있지 않은가? 그러므로 지금 우리 삶 속에 나를 제대로 된 인간으로 훈련시켜주기 위해 선택되어 미디안이나 사울 역할을 맡고 있는 사람이 있다면 축복하기 바란다.

　따라서 이스라엘 백성이 그저 눈에 보이는 미디안 사람만 미워하는 데 그치는 것은 근시안적인 태도이다. 그 배후에 하나님이 계신다. 하나님이 미디안 사람들을 동원해서서 그 일을 하고 계신 것이다.

반전의 열쇠

그렇다면 계속되는 악순환을 끊기 위해 우리는 어떻게 해야 하는가? 나는 사사기 6장을 묵상하다가 매우 흥미로운 단어 두 개를 발견했다. 그중 하나가 6절에 나오는 '이에'라는 단어이다.

> 이스라엘이 미디안으로 말미암아 궁핍함이 심한지라 '이에' 이스라엘 자손이 여호와께 부르짖었더라 삿 6:6

여기서 나오는 '이에'라는 부사는 굉장한 반전을 가져다주는 중요한 단어이다. 나는 이 '이에'라는 단어가 사사기 6장에서 가장 중요한 단어 중 하나라고 생각한다.

사사기 6장 1절은 "이스라엘 자손이 또 여호와의 목전에 악을 행하였으므로"라는 하나님을 대적하는 이스라엘 백성을 묘사하는 것으로 시작하고 있다. 그런데 6절에 보면 "이스라엘 자손이 여호와께 부르짖었더라"라고 기록되어 있는데, 이 두 구절의 내용은 도저히 연결이 안 된다. 여호와 앞에 악을 행하는 것과 여호와께 부르짖는 것이 어떻게 연결되겠는가? 그런데 완전히 다른 성질의 이 두 명제를 조화롭게 만들어주는 것이 바로 '이에'라는 단어이다.

누가복음에 나오는 '돌아온 탕자'의 비유에도 이 '이에'라는 단어가 등장한다.

그가 돼지 먹는 쥐엄 열매로 배를 채우고자 하되 주는 자가 없는지라 '이에' 스스로 돌이켜 이르되 내 아버지에게는 양식이 풍족한 품꾼이 얼마나 많은가 나는 여기서 주려 죽는구나 내가 일어나 아버지께 가서 이르기를 아버지 내가 하늘과 아버지께 죄를 지었사오니 눅 15:16-18

여기서도 '이에'는 탕자의 인생을 전반부와 후반부로 나누는 분기점 역할을 하는 중요한 단어로 등장한다. 탕자는 먹을 것이 없어서 돼지 먹는 쥐엄 열매를 먹고자 해도 그조차 얻어먹지 못하는 비참한 현실에서 '이에' 스스로 돌이켜 아버지에게로 돌아가 새로운 삶을 시작했다.

그러고 보면 인생은 두 종류로 나눌 수 있다. 탕자로 살다가 '이에'를 못 찾고 결국 비참하게 삶을 마감하는 인생이 있는가 하면, 비유에 나오는 탕자처럼 '이에'를 붙잡고 돌이켜 새로운 삶을 사는 인생이다. 안타깝게도 많은 사람들의 인생이 전자에 속한다. 우리는 모두 반전의 열쇠 '이에'를 발견하는 삶을 살아야 한다.

'칠 년 동안'의 벽

또 한편으로 내가 사사기 6장을 묵상하면서 중요하다고 느낀 두 번째 단어는 1절에 나오는 '칠 년 동안'이라는 단어이다.

> 이스라엘 자손이 또 여호와의 목전에 악을 행하였으므로 여호와께서 '칠 년 동안' 그들을 미디안의 손에 넘겨주시니 삿 6:1

이 구절을 '아, 이스라엘 백성이 하나님의 징계를 받아서 무려 칠 년 동안이나 고통의 세월을 보냈구나' 하고 넘어가면, 여기 나오는 '칠 년 동안'은 그저 숫자에 불과하다. 그러나 우리가 영안(靈眼)을 열고 이 단어를 바라보면 이 '칠 년 동안'이라는 단어야말로 대반전의 열쇠인 '이에'를 방해하는 가장 악한 단어임을 알 수 있다.

한번 곰곰이 생각해보라. 칠 년 동안 하나님의 징계가 계속되었다는 것은 무엇을 뜻하는가? 그들이 칠 년 동안 회개하지 않았다는 의미가 아닌가? 즉, 이스라엘 백성은 무려 칠 년 동안이나 하나님의 매를 맞으면서도 깨닫지 못하고 회개하지 못하여 '이에'를 발견하지 못했던 것이다.

많은 사람이 고난을 두고 이런 이야기를 한다.

"고난은 유익한 거야. 고난은 변장하고 찾아오는 축복의 통로야."

그러나 사실 이것은 반쪽짜리 진리이다. 오히려 많은 사람에게 고난은 그저 고난으로만 끝나는 경우가 많다. 왜 그러한가? 사사기 6장 13절을 보면 기드온이 하나님의 부르심을 받았을 때 항변하는 내용이 나온다.

> 기드온이 그에게 대답하되 오 나의 주여 여호와께서 우리와 함

께 계시면 어찌하여 이 모든 일이 우리에게 일어났나이까

삿 6:13

이것은 어디서 많이 듣던 고백이 아닌가? 대부분의 사람들이 고난을 만나면 이렇게 반응한다.

"하나님, 왜 나에게만 이런 일이 일어납니까? 하나님이 나와 함께 하신다면 왜 내게 이런 일이 일어나는 것이죠?"

왜 내가 이 고난을 겪어야 하느냐는 항변이다. 하나님이 함께 계시다면서 어떻게 고난이 올 수 있느냐는 억울함의 표시이다. 그 다음 말씀을 보자. 기드온이 또 뭐라고 항변하는가?

또 우리 조상들이 일찍이 우리에게 이르기를 여호와께서 우리를 애굽에서 올라오게 하신 것이 아니냐 한 그 모든 이적이 어디 있나이까 삿 6:13

기드온의 항변을 우리가 쓰는 말로 바꾸어보면 이쯤 되지 않을까 싶다.

"우리 아버지와 어머니는 하나님께 은혜 받아서 기도 응답도 많이 받고 이적도 많이 경험했는데, 왜 나에게는 그런 일이 일어나지 않는 것입니까? 부모님에게 베푸셨던 이적은 다 어디 있는 것입니까?"

참으로 안타까운 일이다. 악을 행한 자신의 모습을 돌아보기는커녕

하나님께 원망과 불평을 늘어놓고 있다. 이런 일이 언제 일어났는가? 바로 그 '칠 년 동안' 일어났다.

고통이 고통으로 끝나는 이유

그러면 이렇듯 많은 사람에게 고통이 축복의 통로가 되지 못하고 고통으로만 그치는 이유는 무엇일까? 실제로 현실 속에서는 많은 경우 고통이 고통으로 끝나고 만다. 만약 우리 가운데 고된 시집살이를 하는 며느리가 있다고 가정해보자. 그 며느리는 시댁 식구들의 구박으로 인해 인생이 풍요로워지고 그 영혼이 맑아지겠는가, 아니면 인생이 황폐해지고 그 영혼이 피폐해지겠는가? 아마도 후자의 경우가 훨씬 많을 것이다.

이런 측면에서 보자면 고통 그 자체는 결코 축복이 아니다. 오히려 고통과 고난은 피해야 하는 것이다. 고통은 고통일 뿐, 고통 자체에 대단한 능력이 있는 것이 아니란 말이다. 고통이 축복이 되기 위해서는 '칠 년 동안'의 벽을 깨고 '이에'를 붙잡아야 한다. 그래야 고난이 '변장하고 찾아오는 축복의 통로'가 될 수 있다. 우리 삶의 '칠 년 동안'의 벽을 깨는 영적인 망치가 바로 '이에'이다. '이에'를 잡을 때에야 비로소 고통이 변장하고 찾아오는 축복이요, 내 영혼을 풍요롭게 하는 유익이 될 수 있다.

세상에서 가장 억울한 것 중 하나가 고통은 고통대로 당하면서 여전히 '칠 년 동안'의 범주 안에 갇혀 사는 것이다. 디윗이 사울 때문에 온갖 고난과 고통을 당하다가 '이에'를 발견하지 못하고 자신의 감정대로 사울에게 복수의 칼을 휘둘렀다면, 다윗의 고난은 그저 고난으로 끝났을 것이다. 그러나 다윗이 고통당했을 때 '이에'를 붙잡고 여호와께 부르짖었더니 하나님이 그를 높여주셨다.

우리가 찬바람 맞으며 새벽예배에 참석해 하나님께 기도하는 이유가 무엇인가? 피곤을 무릅쓰고 철야기도회에 참석해 하나님께 부르짖는 이유가 무엇인가? 우리의 삶에 '이에'라는 망치가 필요하기 때문이다. 파종한 것들을 싹 거두어 가버리는 미디안 앞에서 벌벌 떨고 있는 이스라엘 백성 같은 우리의 현실을 청산하기 위해서는 '이에'의 능력을 체험해야 한다. 그래서 '칠 년 동안'의 두꺼운 벽을 깨고 인생의 반전을 이루는 놀라운 역사가 일어나는 은혜가 임하기를 바란다.

깨달아 돌이켜라

내가 예배 때 강조하는 것이 있다. 예배드릴 때 감정의 고조가 일어나 가슴이 뜨거워지고 눈물이 쏟아지는 감동은 있으면 감사한 일이지만 없다고 해서 문제가 되는 것이 아니다. 우리가 하나님 앞에 나아가는 것은 감정이 아니라 하나님께서 우리의 아버지 되시기에 나아가는 것이기 때문이다.

중요한 것은 감정과 느낌이 아니라 '깨달음'이다. 말씀 안에서 "나는 왜 이 악순환을 떨치지 못하고 있는가? 부요하신 하나님께서 그 부요를 우리에게 나누어주기 원하시는데 왜 나는 여전히 빈곤한 삶을 살 수밖에 없는가?"를 냉철한 머리로 깨달아 돌이켜야 한다. 그래서 하나님 앞에 항변하는 신앙이 아니라 '이에'라는 망치를 들고 '칠 년 동안'의 두꺼운 벽을 깨뜨리는 신앙으로 들어가야 한다. 그때 인생의 반전이 일어난다. 하나님이 약속하신 젖과 꿀이 흐르는 가나안의 진정한 부요가 우리 삶에 넘치게 되는 것이다.

회복을 위해 나아가는 길

그러면 우리가 인생을 살아가다가 '칠 년 동안'의 범주에 갇히는 일이나 영적 침체를 만날 때 어떻게 그 벽을 깨는 '이에'를 붙잡고 하나님 앞으로 다시 나아갈 수 있는가? 그 해답을 역대하 7장 14절 말씀에서 찾아볼 수 있다.

> 내 이름으로 일컫는 내 백성이 그들의 악한 길에서 떠나 스스로 낮추고 기도하여 내 얼굴을 찾으면 내가 하늘에서 듣고 그들의 죄를 사하고 그들의 땅을 고칠지라 대하 7:14

이 말씀을 원어로 살펴보면 그 순서가 한글 개역개정성경과 약간 다른 것을 알 수 있다.

> 내 이름으로 불리는 내 백성들이 스스로 겸손하여 낮아지고 기도하고 내 얼굴을 찾고 그들이 걸어가는 악한 그 길에서 돌이키

면 내가 하늘에서 듣고 그들의 죄를 용서하고 그들의 땅을 고칠 것이다

여기에서 우리는 회복을 위한 세 가지 단계를 볼 수 있다. 즉, 회복을 위해서는 먼저 '겸손하여 낮아지고' 두 번째로 '기도하며 하나님의 얼굴을 찾고' 세 번째로 '그 악한 길에서 돌이켜야' 한다.

우리가 인생을 살다가 삶의 고난이나 영적 침체를 겪을 때 이 세 단계를 되짚어가며 하나님께로 돌이키면 회복을 허락해주시는 하나님의 은혜를 누리게 될 것이다.

겸손을 회복하라

'칠 년 동안'의 장벽을 깨는 '이에'를 붙잡는 회복의 첫 번째 단계는 겸손이다. 원어 성경 14절은 이렇게 시작한다.

> 내 이름으로 불리는 내 백성들이 스스로 겸손하여 낮아지고

인생에 이런저런 문제가 생기고 영적인 침체가 찾아올 때 가장 먼저 스스로 돌아봐야 할 것이 이 '낮아짐'의 문제이다. 모든 죄의 시작이 하나님을 외면하는 교만이기 때문이다. 이스라엘 백성 역시 하나님이 복을 주셔서 평안이 오고 살 만해지자 교만이 고개를 들고 하나님 앞에서 악을 행했다. 그렇기 때문에 혹시 내가 방심하여 교만해진

것은 아닌지를 먼저 점검해야 하는 것이다.

특별히 자신을 되돌아보아 스스로 깨닫고 돌이켜야 한다. 스스로 돌이키지 못할 때, 내 인생에 '칠 년 동안'의 벽이 굳건하게 버티고 서서 무너지지 않는 것이다. 내가 목회를 하면서 가장 중요하게 생각하는 것 중에 하나도 이 '스스로 깨닫는 것'이다. 그래서 우리 교회 교역자들이나 후배 목회자들에게 이것의 중요성을 종종 이야기하곤 한다.

목회자도 사람이기에 목회를 하다 보면 간혹 실수할 때가 있다. 어쩌면 '간혹'이 아닌지도 모르겠다. 하지만 이때 중요한 것은 성도들이 목마름을 하소연하며 신음소리를 내기 전에 '스스로' 깨닫는 것이다. 스스로 깨닫지 못하고 성도들이 성토할 때야 비로소 깨닫는 목회자는 비참하다. 그러나 성도들보다 반걸음만 앞서 걸으며 스스로 깨닫고 돌이키면 그것이 오히려 면류관이 되어 성도들의 신뢰를 얻는 기회가 될 수 있다. 스스로 깨닫는 삶을 살기 위해서는 늘 하나님 앞에 겸손히 깨어 있어야 한다.

하나님의 얼굴을 구하라

회복을 위한 두 번째 단계는 '본질을 구하는 기도'이다. 원어 그대로 14절을 다시 한 번 보자.

> 내 이름으로 불리는 내 백성들이 스스로 겸손하여 낮아지고, 기도하고, 내 얼굴을 찾고

우리가 하나님께 진정한 기도를 드리기 위해서는 먼저 스스로 겸손하여 낮아져야 한다. 이것이 첫 번째 단계이다. 겸손의 문제를 돌아보지 않고 무턱대고 부르짖기만 해서는 중언부언의 기도가 될 위험이 있다.

그런가 하면 역대하 말씀은 우리가 어떤 기도를 드려야 한다고 말하는가? '하나님의 얼굴을 구하는 기도', 즉 우리는 본질을 구하는 기도를 해야 한다. 이것이 회복을 위한 두 번째 단계이다.

우리는 기도한다고 하면서 하나님과 흥정을 하는 경우가 많다. "하나님, 제가 금식기도 할 테니, 이것을 주세요" 하는 식이다. 물론 이런 기도도 하나님께서 기뻐하시며 응답하신다. 그러나 무엇을 달라고 구하는 기도, 즉 하나님의 손을 구하는 기도보다 하나님의 얼굴을 구하는 기도가 더 중요하다. 다시 말해, 하나님과의 관계 회복을 구하는 기도가 먼저라는 말이다.

나는 분당우리교회에서 기도회를 할 때마다 그 기도회를 통해 수많은 기도의 응답과 기적이 일어나기를 바란다. 그래서 특별새벽부흥회를 할 때면 기도카드를 만들어서 하나님께 응답을 받기 위해 힘써서 기도할 것을 권면한다. 그 기도회를 통해 깨어진 가정이 하나 되고, 불임으로 고통받는 가정에 자녀를 선물로 주시는 하나님의 기적이 일어나며, 취업의 문이 열리고, 학업의 길이 뚫리는 기도 응답이 풍성히 임하도록 힘써서 기도한다.

그러나 이 모든 것보다 더 중요한 것이 하나님의 얼굴을 구하는 기도, 본질을 구하는 기도이다. 하나님을 인격자로 인정해드리고 그분과 친밀한 교제를 나누는 것이 중요하다. 따라서 우리는 기도의 어떤 결과보다 기도하는 과정 중에 하나님의 인격 앞에 반응하고 하나님과 깊이 교제하는 그 자체가 더 중요하다는 사실을 깨달아야 한다. 하나님의 손에 들린 떡이 아니라 하나님 자체를 존귀하게 여기며 그분의 얼굴을 구하는 예배를 드려야 한다.

악한 길에서 떠나는 결단을 하라

마지막으로 회복을 위한 세 번째 단계는 삶 속에서 나타나는 결단의 단계이다. 원어 성경 14절 말씀을 다시 보자.

> 내 이름으로 불리는 내 백성들이 스스로 겸손하여 낮아지고 기도하고 내 얼굴을 찾고 그들이 걸어가는 악한 그 길에서 돌이키면 내가 하늘에서 듣고 그들의 죄를 용서하고 그들의 땅을 고칠 것이다

기도하는 데서 그치면 안 된다. 하나님 앞에서 스스로 겸손하여 낮아지고, 기도함으로 하나님의 얼굴을 찾고, 끝으로 그 악한 길에서 돌이켜야 한다. 예배 때 은혜 받고 하나님께 손을 들어 기도하는 것으로 끝이 아니란 말이다. 사실, 그때부터가 새로운 시작이다. 은혜는 삶 속에서 이루어지는 결단으로 이어져야 한다.

새벽예배 때 누린 하나님과의 인격적인 교제와 은혜와 말씀의 능력은 회사로, 가정으로, 학교로 이어져야 한다. 그 은혜를 안고 삶 속으로 달려가야 한다. 주일에 받은 회복의 은혜는 그날 교회에서만 그치면 안 된다. 월요일부터 새롭게 가정에서, 직장에서, 학업에서 녹아나야 하는 것이다. 그럴 때 우리 안에 '삶 속에 뿌리 내리는 영성'이 자리 잡게 된다.

거듭 강조하지만 우리는 이런 초라한 영적 빈곤의 벽을 깨뜨려야 한다. 그리고 그 지긋지긋한 '칠 년 동안'이라는 무서운 벽을 깨뜨리는 '이에'라는 깨달음을 얻기 위해서는 철저하게 하나님 앞으로 돌아와 무릎 꿇는 것밖에는 다른 대안이 없음을 인식해야 한다. '겸손'과 '본질을 구하는 기도'와 가던 길에서 돌아서는 '결단'을 통해서 그 '칠 년 동안'이라는 벽을 깨뜨리게 되었다는 기쁜 소식이 곳곳에서 선포되기를 기대한다. 그날이 우리가 그토록 갈망하는 진정한 영적 부흥의 시작인 것이다.

이스라엘 자손이 미디안으로 말미암아 여호와께 부르짖었으므로 여호와께서 이 스라엘 자손에게 한 선지자를 보내시니 그가 그들에게 이르되 여호와께서 이같 이 말씀하시기를 이스라엘의 하나님 내가 너희를 애굽에서 인도하여 내며 너희 를 그 종 되었던 집에서 나오게 하여 애굽 사람의 손과 너희를 학대하는 모든 자 의 손에서 너희를 건져내고 그들을 너희 앞에서 쫓아내고 그 땅을 너희에게 주었 으며 내가 또 너희에게 이르기를 나는 너희의 하나님 여호와이니 너희가 거주하 는 아모리 사람의 땅의 신들을 두려워하지 말라 하였으나 너희가 내 목소리를 듣 지 아니하였느니라 하셨다 하니라 삿 6:7-10

CHAPTER 02

우리가 부르짖을 때 하나님이 응답하신다

세상 모든 삶의 이치가 다 그렇듯이 '인과관계의 법칙'은 영적인 세계에서도 그대로 적용된다. '심은 대로 거둔다'는 인과관계의 법칙은 성경이 제시하는 중요한 법칙 중의 하나이다.

사사기 6장에도 보면 참으로 중요한 인과관계가 나온다. 7절과 8절의 말씀이다.

> 이스라엘 자손이 미디안으로 말미암아 여호와께 부르짖었으므로 여호와께서 이스라엘 자손에게 한 선지자를 보내시니 삿 6:7,8

여기서 인과관계의 원인은 "여호와께 부르짖었으므로"이며, 그 결과는 "한 선지자를 보내시니"이다. 이 같은 도식은 사사기 6장 1절에서도 발견되는데, 1절에 나오는 인과관계의 원인은 "이스라엘 자손이 또 여호와의 목전에 악을 행하였으므로"이며, 그 결과는 "여호와께서 칠 년 동안 그들을 미디안의 손에 넘겨주시니"이다.

하나님의 인과관계

이 부분을 묵상하는데 문득 우리가 잘 알고 있는 갈라디아서 6장 7절 말씀이 떠올랐다.

> 스스로 속이지 말라 하나님은 업신여김을 받지 아니하시나니
> 사람이 무엇으로 심든지 그대로 거두리라 갈 6:7

이 인과관계의 법칙이 지금 살펴보고 있는 사사기 6장에 적용되어 있는 것이다. 뿐만 아니라 이 법칙은 성경 전체에 걸쳐 적용되어 있으며 우리의 삶에도 그대로 적용된다. 갈라디아서 6장 8절은 이 인과관계에 부연하여 "자기의 육체를 위하여 심는 자는 육체로부터 썩어질 것을 거두고 성령을 위하여 심는 자는 성령으로부터 영생을 거두리라"라고 설명하며, 이어서 다음과 같은 결론을 내린다.

> 우리가 선을 행하되 낙심하지 말지니 포기하지 아니하면 때가

이르매 거두리라 갈 6:9

우리가 선을 행하되 낙심하지 말아야 할 것은 하나님께서는 하나님의 인과관계의 법칙을 우리 삶에 반드시 적용시켜주시며, 하나님의 때에 반드시 열매를 거두게 된다는 말씀이다. 이 말씀이 신앙 안에서 살아가는 우리에게 얼마나 큰 유익이 되는지 모른다.

혹시 선을 행하다가 어려운 일을 당한 경험이 있는가? 당신이 다른 사람에게 베푼 선의가 악으로 돌아와 낙심한 적이 있는가? 그렇다면 나는 그런 분들을 격려하고 싶다. 우리가 선을 행하다 혹 어려움을 당하는 경우가 있다면 그것은 아직 때가 아니라서 그렇다. 우리가 선을 행할 때, 그것이 수포로 돌아가는 일은 없다. 반드시 기억해야 할 것은 우리가 선을 심으면 하나님께서는 약속하신 인과관계의 법칙에 따라 그 열매를 거둘 그날을 반드시 주신다는 사실이다.

나는 지금까지 살아오면서 그런 하나님의 은혜를 많이 누렸다. 또 지금도 여전히 그 은혜를 믿으며 선을 행하고 낙심하지 않는다.

분당우리교회가 처음부터 학교 강당을 빌려 시작한 것은 아니었다. 처음에는 상가 건물을 빌려서 개척을 하려고 했다. 적당한 장소를 물색하다가 정자동에 있는 작은 상가 건물 4층을 임대 계약했다. 그런데 그즈음 어느 날 가까운 이웃 교회에서 연락이 왔다.

"이찬수 목사님은 이곳에다 개척할 수 없습니다. 절대로 허락하지 않을 것입니다."

계획도시인 분당 지역의 특성상 교회 개척은 상가에다 할 수밖에 없고, 그러다보니 당연히 상가 주변에는 여러 개척교회들이 모여 있었다. 그래서 그 건물 주인과 임대 계약을 맺기 전에 인근에 있는 몇몇 교회를 방문하여 그 지역에다 교회를 개척하는 것에 대해 상의하고 허락 받는 절차를 거쳤다. 그런데 마침 그 의논을 빠뜨린 교회에서 반대를 하고 나선 것이다. 난감하고 당황스러웠다. 밤을 새워 고민하고 고뇌하며 기도했지만 답은 한 가지였다. 그 영광스러운 교회 개척의 첫 단추를 이웃 교회와의 싸움으로 시작할 수는 없는 노릇이었다.

눈물을 머금고 상가 계약을 포기했다. 그 과정에서 천만 원 이상의 손해를 감수하는 아픔을 겪었다. 난감하고 막막한 상황에 빠져 있을 때 하나님께서는 나와 전혀 상관없는 송림중고등학교를 연결해주셨다. 그리고 정말 기적이라고밖에 할 수 없는 놀라운 방법으로 이곳에 들어와 오늘의 분당우리교회를 시작할 수 있게 되었다.

나는 지금도 '하나님께서는 왜 이런 드라마틱한 방법으로 우리 교회를 이 학교 강당으로 인도해주셨을까?'에 대해 생각한다. 그러던 어느 날 이 문제를 가지고 묵상하다가 '인과관계'를 매개로 한 하나님의 특별한 은혜가 거기에 개입되어 있음을 발견할 수 있었다.

내가 지난 10년 동안 청소년 사역을 하면서 중고등학교를 제 집 드나들듯이 왔다 갔다 하며 청소년들을 섬겼던 것을 하나님께서 기억하셨다는 생각이 들었다. 청소년을 섬겼더니 그들이 다니는 학교의 건물을 선물로 주신 것이다. 심은 대로 거두게 하신 하나님이 인과법칙이다.

그러나 내가 청소년 사역을 나의 전적인 희생으로만 감당했던 것은 아니다. 사랑의교회의 물질적, 영적 후원 아래 나의 수고를 보탰을 뿐이다. 그런데도 하나님께서는 나에게 이토록 아름다운 일들을 베풀어 주신 것이다. 나는 그 사실이 너무나 감격스러웠다. 하나님께서는 심은 대로 하나님의 때에 반드시 열매를 거두게 하신다. 그것도 놀랍도록 풍성하게 말이다.

우리의 방법과 달리

우리가 선을 행하며 하나님께 부르짖으면 하나님이 반드시 응답해주시는데, 그 응답이 우리에게 체감되는 것은 왜 그토록 적은 것일까?

"하나님께 분명히 기도했는데, 응답을 받지는 못했어."

이런 실망 어린 반응이 왜 그렇게 많은지 아는가? 그것은 하나님의 응답이 내가 원하는 방식대로 찾아오지 않기 때문이다. 무슨 말인가? 사사기 말씀으로 돌아가보자.

이스라엘 백성들은 파종만 하면 미디안과 아말렉과 동방 사람들이 쳐들어와 토지소산을 멸하고 먹을 것을 모조리 빼앗아 가버려 굶어 죽을 지경이다. 이런 상황에서 이스라엘 백성들은 하나님께 무엇을 구했겠는가? 아마도 자신들에게 지금 필요한 양식을 구했을 것이다. 또한 자신들을 침략하는 아말렉과 미디안을 물리칠 수 있는 뛰어난 지략가나 능력 있는 장수를 보내달라고 부르짖었을 것이다. 그런데 하나님께서는 전혀 예상 밖의 인물로 그들의 부르짖음에 응답해주셨다.

이스라엘 자손 미디안으로 말미암아 여호와께 부르짖었으므로
여호와께서 이스라엘 자손에게 한 선지자를 보내시니 삿 6:7,8

하나님께서는 이스라엘 백성의 부르짖음에 전혀 뜻밖의 인물인 한 선지자를 보내주셨다. 그것도 잘 알려진 선지자가 아니라 무명의 선지자를 말이다. 따라서 이것이 하나님의 기도 응답이라고 생각했던 사람은 아무도 없었을 것이다.

이 이야기에는 무척 중요한 교훈이 담겨 있다. 한 무명의 선지자는 강력한 장수와 군사를 구했던 이들에게는 전혀 기도 응답으로 다가오지 않았겠지만, 영안(靈眼)을 열고 바라보면 그것이 바로 하나님의 기도 응답이라는 것이다. 우리의 간구에 주시는 하나님의 응답은 많은 경우 이런 식으로 우리의 기대를 벗어난다. 그래서 우리가 영안을 열고 바라보지 않으면 하나님께서 우리 기도에 응답해주시지 않았다고 생각하게 된다.

무명의 선지자를 보내신 이유

그렇다면 하나님께서는 왜 당장 전쟁에 필요한 힘센 장수를 보내주셔서 간절히 기도하는 백성들의 마음을 시원하게 해주시지 않고 기도 응답인지도 잘 모르겠는 무명의 선지자를 보내주셨을까? 여기에 놀라운 비밀이 숨겨져 있다.

지금 하나님의 관점으로는 이스라엘 백성들이 먼저 해야 할 일이

있었다. 이스라엘 백성은 외부의 적을 해결하기 전에 자기 자신 안에 있는 내부의 적을 먼저 해결해야 했다. 외부에 있는 적을 무찌르는 것보다 이런 일이 왜 일어났는지 자신을 점검하고 돌아보는 일이 우선이라는 말이다.

우리는 항상 문제의 원인을 외부에서 찾는다. 가정에 어려움이 닥치면 본능적으로 결혼을 잘못해서 그렇다고 말한다. 남편 잘못 만나고, 아내 잘못 만나서 자기가 이렇게 고생한다고 이야기한다. 교회가 어려우면 교회가 타락해서 그렇다는 말부터 나온다. 자기는 쏙 빠진다. 이렇듯 문제가 겉으로 볼 때에는 미디안에서 기인한 것 같지만 하나님이 보시기에는 근본적으로 이스라엘 백성들에게 있기 때문에 장수 대신 선지자를 보내줄 수밖에 없으셨던 것이다.

우리는 어떠한 문제가 닥쳤을 때 그것의 원인을 자신의 외부에서 찾기에 앞서 먼저 자기 자신을 돌아보아야 한다. 자기 점검, 이것이 하나님의 우선순위이다.

자업자득

얼마 전, TV 프로그램에서 한 대형 교회의 재정 문제를 다룬 적이 있다. 그 프로그램에서 어떤 사람이 나와 인터뷰하기를, "저는 지금까지 대형교회가 재정을 투명하게 하는 경우는 한 번도 보지 못했습니다"라고 이야기하는 것을 들었다. 그 이야기를 들으며 본능적으로 억울하다는 생각이 먼저 들었다.

'개척 이후 지금까지 나름대로 투명하게, 그리고 하나님 앞에서 부끄럽지 않게 재정을 쓰기 위해 얼마나 몸부림쳤는데, 저 사람은 어떻게 제대로 알지도 못하면서 이야기를 함부로 하는 거야.'

그러나 하나님 앞에서 잠잠히 묵상하는 가운데 이것은 결국 우리의 자업자득이라는 생각이 들었다. 세상이 지금까지는 종교를 영적인 영역으로 인정해주어서 재정을 공개하든 공개하지 않든 다 믿어준 것 아닌가? 그런데 그것을 불신하게 만든 것은 결국 우리 자신이었다. 따라서 그런 이야기에 흥분하며 분개할 것이 아니라 '어쩌다가 세상이 교회를 의심하고 불신하게 되었는가?'를 점검해야 하는 것이다. 그러면서 내 지난 모습을 돌아보며 점검해보았다.

개척 이후 지금까지 재정을 투명하게 운영한다고 해왔지만, 그것은 내 생각일 뿐이고 혹시라도 우리 교회에 재정적으로 불투명한 부분은 없었는지, 또한 헛되게 사용된 돈은 없었는지 살펴보았다.

세상이 교회를 의심하고 고발하는 이런 현실 앞에서 세상을 원망하며 교회를 고발하는 TV 프로그램을 탓할 것이 아니라, 우리 자신을 돌아보고 하나님 앞에 부끄러운 것이 무엇인지를 점검하는 것이 먼저이다.

얼마 전 한 형제가 내게 트위터(twitter)로 메시지를 하나 보내왔다.

"목사님! 우리가 개인의 문제를 위해서도 회개하고 기도해야 하지만, 모순으로 가득한 이 사회의 문제를 놓고서도 함께 기도했으면 좋겠슈니다."

어린 형제의 애타는 마음이 고스란히 느껴져 기성세대로서 너무나 부끄럽고 미안했다. 20,30대 젊은이들에게 이 세상이 살아볼 만한 곳이며, 기성세대가 믿고 의지할 수 있는 존재임을 신뢰하지 못하게 만든 주범이 나 같아서 부끄러움을 느낀 것이다. 이렇게 된 것은 다른 누구의 탓이 아니다. 경제가 어렵기 때문에, 사회가 어지럽기 때문에, 세상이 타락했기 때문이 아니라 바로 우리 때문이요, 나 때문이다. 그렇기 때문에 나 자신을 먼저 돌아보아야 하는 것이다.

이것은 교회나 사회 차원에서도 적용되어야 하지만 개인적으로도 마찬가지이다. 우리는 각자 억울한 사연이 많다. 그러나 하나님 앞에서 우리 자신을 돌아볼 때, 하나님께서는 그 억울한 일을 통해서도 우리에게 메시지를 주기 원하신다.

너 때문이야

나는 남이 원망스럽고 서운한 마음이 들 때마다 떠올리는 노래가 하나 있다. 내가 중고등학교 때 유행했던 가수 이장희 씨의 〈그건 너〉라는 노래이다.

> 모두들 잠들은 고요한 이 밤에
> 어이해 나 홀로 잠 못 이루나
> 넘기는 책 속에 수많은 글들이
> 어이해 한 자도 보이질 않나

그건 너 그건 너 바로 너 때문이야
그건 너 그건 너 바로 너 때문이야

어제는 비가 오는 종로 거리를
우산도 안 받고 혼자 걸었네
우연히 마주친 동창생 녀석이
너 미쳤니 하면서 껄껄 웃더군
그건 너 그건 너 바로 너 때문이야
그건 너 그건 너 바로 너 때문이야

그런데 생각해보라. 그게 왜 다 너 때문인가? 모두들 잠든 시간에 잠 안 자고 앉아 있는 게 자기 때문이지 왜 너 때문인가? 넘기는 책 속에 수많은 글들이 한 자도 보이지 않는 게 집중력 없는 자기 때문이지 왜 너 때문인가? 비가 쏟아지는데 우산도 안 들고 돌아다니면 이상하게 보는 게 지극히 정상적이다. 그런데 그것을 왜 자꾸 다른 사람에게 전가시키느냐는 말이다.

물론 그 가사의 배경을 몰라서 하는 이야기가 아니다. 하지만 나는 누군가 자꾸 원망스러워지면 이 노래를 떠올리며 '나 때문이지, 너 때문이 아니야!'라고 되새기곤 한다. 문제의 원인은 밖에 있는 것이 아니다. 남에게 탓을 돌려서 얻을 수 있는 것은 아무것도 없다. 원인은 내 안에서 먼저 찾아야 한다. 하나님께서 미디안을 통해서 아픈 책한 이스라엘 백성들을 철저하게 징계하고 계신 것은 바로 이것을 먼저 점검하기를 원하셨기 때문이다.

말씀이 회복되어야 한다

그런가 하면, 이스라엘 백성이 돌이켜 하나님께 간구했을 때 하나님께서 무명의 선지자를 통해 가장 먼저 행하고자 하신 일이 무엇이었는가?

> 이스라엘 자손이 미디안으로 말미암아 여호와께 부르짖었으므로 여호와께서 이스라엘 자손에게 한 선지자를 보내시니 그가 그들에게 이르되 여호와께서 이같이 말씀하시기를 삿 6:7,8

하나님께서는 이스라엘 백성에게 말씀을 들려주셨다. 하나님의 관점으로는 강한 군대를 보내는 것보다 이스라엘 백성 안에 하나님의 말씀이 살아나는 것이 먼저였기 때문이다. 하나님의 말씀이 이스라엘 백성의 귓가에 살아나는 것이 하나님의 우선순위였다는 말이다.

그러면 하나님께서는 이스라엘 백성에게 어떤 말씀을 들려주셨는가?

> 이스라엘의 하나님 내가 너희를 애굽에서 인도하여 내며 너희를 그 종 되었던 집에서 나오게 하여 애굽 사람의 손과 너희를

학대하는 모든 자의 손에서 너희를 건져내고 그들을 너희 앞에서 쫓아내고 그 땅을 너희에게 주었으며 내가 또 너희에게 이르기를 나는 너희의 하나님 여호와이니 너희가 거주하는 아모리 사람의 땅의 신들을 두려워하지 말라 하였으나 너희가 내 목소리를 듣지 아니하였느니라 하셨다 하니라 삿 6:8-10

하나님께서 그 무명의 선지자를 통해 이스라엘 백성에게 들려주고 싶으셨던 메시지는 현실의 장벽 앞에 두려워 떨고 있는 너희들의 상태를 돌아보라는 것이다. 그러면서 우리에게 우리가 현실의 장벽으로 인해 두려워 떨게 되는 이유를 두 가지로 알려주신다.

하나님의 은혜를 망각할 때

첫째는 과거에 주신 하나님의 은혜를 망각했기 때문이다. 하나님께서 10절에서 "아모리 사람의 땅의 신들을 두려워하지 말라"라고 말씀하시면서 그 앞에 무엇을 상기시키고 계신가?

이스라엘의 하나님 내가 너희를 애굽에서 인도하여 내며 너희를 그 종 되었던 집에서 나오게 하여 애굽 사람의 손과 너희를 학대하는 모든 자의 손에서 너희를 건져내고 그들을 너희 앞에서 쫓아내고 그 땅을 너희에게 주었으며 삿 6:8,9

이스라엘 백성들이 애굽의 압제로 신음할 때 하나님께서 그들을 어떤 은혜로 구원하셨으며, 어떤 은혜로 그들을 도와주셨는지를 열거하고 계신다. 그러면서 하시는 말씀이 "내가 또 너희에게 이르기를 나는 너희의 하나님 여호와이니"(삿 6:10)이다. 과거에 너희들을 구원한 내가 너희의 하나님인데 왜 그 하나님을 망각하고 이방신을 두려워하느냐는 말씀이다.

그런데 여기서 이스라엘 백성은 그토록 큰 구원의 역사를 베푸셨던 하나님을 왜 망각했는가? 그 이유에 대한 힌트가 10절에 숨겨져 있다. 10절을 다시 보자.

> 너희가 거주하는 아모리 사람의 땅의 신(神)들을 두려워하지 말라 하였으나 삿 6:10

여기서 '두려워하다'라는 말은 히브리어로 '야레'라는 단어인데, '두려워하다, 경외하다'란 뜻 외에 파생적 의미로 '복종하다, 섬기다'란 뜻이 있다. 따라서 10절의 "아모리 사람의 땅의 신들을 두려워하지 말라"라는 말씀은 '아모리 사람의 신들을 섬기지 말라, 복종하지 말라'라는 의미를 담고 있는 것이다.

지금 이스라엘 백성들이 왜 과거에 주신 하나님의 은혜를 잊어버렸는가? 그것은 현실의 벽이 너무 크게 보여서, 현실에서 자기에게 닥친 그 멍에가 너무 크게 보여서 그것이 그들의 신이 되어버린 것이다. 자기를 압도해버린 그 상황 자체가 그들 앞에 '능력자'로 서게 된 것이다. 이런 상황 속에서 하나님께서는 "아모리 땅의 신들을 경외하지 말라, 섬기지 말라, 복종하지 말라"는 메시지를 주고 계신 것이다. 이것은 오늘날의 우리에게도 크나큰 메시지로 다가온다.

우리에게 닥친 경제적 어려움이나 사회적 혼란, 교회를 향한 호의적이지 않은 시선과 비난들이 짓눌림이 되어서 우리의 우상이 될 수 있다. 그래서 '기독교는 회복하기 어렵다'라는 생각에 사로잡히게 된 것이다. 나도 한때 이런 생각에 사로잡힌 적이 있었다. 그러나 그렇지 않다. 우리가 세상의 소리를 지나치게 두려워한 나머지 망각하고 있는 것은 무엇인가? 바로 '하나님의 하나님 되심'이다. 하나님께서 이 땅 위에, 이 나라의 교회 위에 베푸신 은혜들을 잊고 있다. 만일 우리가 지금이라도 우리의 잘못을 회개하고 돌이켜 다시금 그리스도의 정결한 신부의 모습을 회복하게 될 때, 하나님께서는 우리 마음에 가장 먼저 과거 우리 삶 속에서 일하셨던 하나님의 손길을 되새겨주실 것이다.

나도 우리가 사는 삶의 멍에가 무겁다는 것을 잘 안다. 이 땅을 산다는 것 자체가 부담이고 고통이다. 그러나 이럴 때일수록 우리 자신을 되돌아봐야 한다. 우리도 이스라엘 백성처럼 하나님이 금하신 것들을 섬기고 있는 것은 아닌지, 그래서 현실의 신(神)은 크고 절대적으로 보이고 하나님은 멀리 보이는 영적으로 무뎌진 현상이 나타나고 있지는 않은지 우리의 내면을 돌아보아야 한다.

하나님의 말씀을 듣지 않을 때

우리가 우리 앞에 놓인 현실을 두려워하고 그것의 노예가 되는 두 번째 이유는, 하나님의 말씀을 경청하지 않기 때문이다. 사사기 6장 10절 말씀을 다시 보자.

> 내가 또 너희에게 이르기를 나는 너희의 하나님 여호와이니 너희가 거주하는 아모리 사람의 땅의 신들을 두려워하지 말라 하였으나 너희가 내 목소리를 듣지 아니하였느니라 하셨다 하니라
>
> 삿 6:10

여기서 나타난 이스라엘 백성들의 가장 큰 문제점은 하나님의 말씀을 듣지 않았다는 데 있다. 그들에게는 하나님의 말씀이 들리지 않았다. 그 이유는 무엇인가? 앞에서 언급했듯이, 하나님께서 금하셨던 "아모리 사람의 땅의 신"으로 상징되는 당장의 현실에 사로잡히면 하나님의 말씀이 들리지 않게 된다. 적들이 식량을 약탈해가고 자신들의 목숨을 위협하는 그 현실이 너무 커 보이면 거기에 몰두한 나머지 하나님의 음성이 들리지 않게 되는 것이다.

이것은 우리도 마찬가지다. 우리가 현실의 문제에 너무 지나치게 몰두하다 보면 예배를 드리기 위해 교회에 와서도 설교 말씀이 귀에 들어오지 않는다. 설교 시간 내내, 기도 시간 내내 머릿속은 온통 걱정으로 가득하다.

'이번 달 카드 값이 예상보다 많이 나왔는데 어떻게 하지?'
'내일 면접 보러 오라는 연락이 왔는데, 뭘 준비해야 하지?'
'이번 달 생활비도 적자인데 어떻게 하지?'

이런 걱정들에 몰두하다 보면 하나님의 말씀이 귀에 들어오지 않게 되는 것이다.

한 가정을 예로 들어 설명해보자. 아내는 식사 준비를 하고 있고 남편은 신문을 보고 있다. 식사 준비를 마친 아내가 "여보, 식사하세요"라고 말하며 남편을 부른다. 하지만 남편은 신문을 보는 데 너무 집중한 나머지 그 말을 듣지 못한다. 그러자 아내의 언성이 조금 올라간다. 그런데도 남편은 그 소리를 듣지 못한다. 그때 대부분의 아내들은 어떻게 하는가? 남편이 보고 있던 신문을 걷어내며 큰 소리로 "밥 먹으라고요!" 하고 말한다. 그제야 아내의 소리가 남편의 귀에 들어온다.

이처럼 우리가 세상의 근심과 염려에 지나치게 몰두하면 하나님의 음성이 들리지 않는다. 취업이 안 되는 현실, 빚이 늘어가는 현실에 몰두하면 "내가 너와 함께하겠다, 내가 너를 이끌 것이다"라는 하나님의 약속이 귀에 들어오지 않는다. 우리의 약함만 생각하다 보면 모든 능력보다 뛰어난 하나님의 능력의 말씀이 귀에 들어오지 않는다. 교회의 타락에만 너무 집중하다 보면 진정으로 회개하고 돌이킬 때 다시금 우리를 정결케 하시고 회복시키시는 하나님의 약속의 말씀이 들리지 않는 것이다.

순종하지 않을 때 고난에 빠진다

또한 하나님의 말씀이 들리기는 들려도 순종하지 않을 때 우리는 고난과 두려움에 빠지게 된다. 즉, 이스라엘 백성들이 두려움에 떨 수밖에 없었던 것은 현실의 암담한 상황에 몰두한 나머지 하나님의 말씀이 들리지 않았을 뿐만 아니라 설령 듣기는 들어도 순종치 않았기 때문이다.

그렇다면 왜 하나님의 말씀이 들리는데도 순종하지 못할까? 하나님 말씀의 능력이 얼마나 대단한가를 삶 속에서 실감하지 못해서이다.

출애굽기 9장을 보면 무척 흥미로운 기사가 나온다. 출애굽 직전에 열 가지 재앙이 바로를 압박하는 상황이 펼쳐진다. 그중에 일곱 번째 재앙, 즉 우박 재앙에 관한 기사이다. 이때 바로의 신하들의 태도가 둘로 나뉘는 것을 볼 수 있는데, 출애굽기 9장 말씀을 보자.

> 바로의 신하 중에 여호와의 말씀을 두려워하는 자들은 그 종들과 가축을 집으로 피하여 들였으나 여호와의 말씀을 마음에 두지 아니하는 사람은 그의 종들과 가축을 들에 그대로 두었더라
> 출 9:20,21

여기서 나오는 '두려워하다'라는 단어는 히브리어로 '야레'라는 단어이다. 앞에서 살펴본 것처럼 이 '야레'라는 단어에는 '경외하다'라는 뜻이 담겨 있다. 경외는 하나님의 권위와 거룩함에 대한 공경과 두

려움을 뜻하는 것 아닌가? 놀랍게도 하나님을 안 믿는 바로의 신하 중에서 하나님을 경외하는 사람이 있었다는 것이다.

이것이 어떻게 가능했는가? 이 우박 재앙 이전의 여러 정황들을 살펴볼 때, 하나님의 말씀은 반드시 이루어진다는 생각이 그들을 두렵게 한 것이다. 경외한다는 것은 유한한 존재가 무한한 존재 앞에서 느끼는 떨리는 감정이다. 따라서 이 말씀에 나오는 한 무리의 신하는 하나님을 '야레해서', 즉 경외해서 우박 재앙이 일어나기 전에 하나님이 그것을 경고했을 때 두려워 떨며 하나님의 말씀대로 순종하여 조치를 취한 사람들이다.

안타깝게도 오늘날 교회 안에 있으면서도 교회 밖에 있는 바로의 신하들보다 믿음이 적은 사람들이 많다. 그 이유는 무엇인가? 하나님의 일하심을 경험하지 못했기 때문이다. 하나님의 말씀이 "살아 있고 활력이 있어 좌우에 날선 어떤 검보다도 예리"(히 4:12)한 능력의 칼임을 경험하지 못해서 그렇다. 따라서 그들 안에 불신앙이 찾아들 수밖에 없다.

우리는 모두 하나님을 경외하는 하나님의 사람이 되어야 한다. 이것은 누가 강요해서 되는 것이 아니다. 하나님의 능력과 그분의 일하심과 무한한 능력을 목도하고 경험할 때 가능하다. 그런 은혜가 우리 안에서 회복되어야 한다. 하나님께서는 지금도 일하고 계신다. 우리를 괴롭히고 있는 미디안 족속을 가만히 내버려두지 않으신다.

그러나 하나님께서는 그에 앞서 우리가 우리 자신을 점검하고 들아

보아 돌이켜 회개하기를 원하시는 것이다. '모든 것이 당신 탓이야, 세상 탓이야'라는 불평과 원망의 목소리가 가득한 이 시대에 우리는 '내 탓입니다, 내 잘못입니다, 내 불신앙 때문입니다'라고 말하면서 먼저 우리 자신을 돌이켜야 한다. 그리고 이 땅의 모든 권세를 멸하러 오신 주님을 바라보면서 담대히 선포해야 한다.

육안(肉眼)을 가지고 있는 세상 사람들의 눈으로 보기에는 초라하고 보잘것없는 모습이라 할지라도 영안(靈眼)을 가진 하나님의 사람의 눈에는 '힘센 전사'일 수 있다. 따라서 자기 자신을 어떻게 보느냐에 따라 '열등감에 사로잡힌 상처투성이의 나'와 '주님이 주시는 능력으로 힘 있게 살아가는 나'로 구분될 수 있다. 자신이 스스로를 어떻게 인식하느냐에 따라 자기 인생의 모습이 달라지는 것이다.

PART
02

절망감과 패배감을 딛고
힘차게 일어나라

여호와의 사자가 아비에셀 사람 요아스에게 속한 오브라에 이르러 상수리나무 아래에 앉으니라 마침 요아스의 아들 기드온이 미디안 사람에게 알리지 아니하려 하여 밀을 포도주 틀에서 타작하더니 여호와의 사자가 기드온에게 나타나 이르되 큰 용사여 여호와께서 너와 함께 계시도다 하매 기드온이 그에게 대답하되 오 나의 주여 여호와께서 우리와 함께 계시면 어찌하여 이 모든 일이 우리에게 일어났나이까 또 우리 조상들이 일찍이 우리에게 이르기를 여호와께서 우리를 애굽에서 올라오게 하신 것이 아니냐 한 그 모든 이적이 어디 있나이까 이제 여호와께서 우리를 버리사 미디안의 손에 우리를 넘겨주셨나이다 하니 여호와께서 그를 향하여 이르시되 너는 가서 이 너의 힘으로 이스라엘을 미디안의 손에서 구원하라 내가 너를 보낸 것이 아니냐 하시니라 그러나 기드온이 그에게 대답하되 오 주여 내가 무엇으로 이스라엘을 구원하리이까 보소서 나의 집은 므낫세 중에 극히 약하고 나는 내 아버지 집에서 가장 작은 자니이다 하니 여호와께서 그에게 이르시되 내가 반드시 너와 함께 하리니 네가 미디안 사람 치기를 한 사람을 치듯 하리라 하시니라 삿 6:11-16

CHAPTER 03

하나님의 용사여, 그 자리에서 일어나라

이번 장(章)에서 드디어 이 책의 주인공인 기드온이 등장한다. 그런데 본문 말씀을 보면 이스라엘 백성이 고통당하던 칠 년의 세월을 보내는 동안 기드온은 마음에 두 가지 큰 상처를 안고 살았던 것 같다.

그 하나는 오랜 고난 가운데 자기들을 방치해놓으시고 침묵하시는 하나님으로 인해 자기 민족이 하나님께 버림받았다고 하는 '절망감'이다.

기드온이 그에게 대답하되 오 나의 주여 여호와께서 우리와 함께 계시면 어찌하여 이 모든 일이 우리에게 일어났나이까 또 우리 조상들이 일찍이 우리에게 이르기를 여호와께서 우리를 애굽에서 올라오게 하신 것이 아니냐 한 그 모든 이적이 어디 있나이까 이제 여호와께서 우리를 버리사 미디안의 손에 우리를 넘겨주셨나이다 하니 삿 6:13

기드온은 여호와의 사자를 만나자마자 억울함을 토로한다. 하나님이 함께하신다면 하나님의 선민(選民)인 이스라엘 백성이 이토록 오랫동안 미디안 사람들의 불의한 압제 속에서 신음할 수 있느냐는 항변이다. 참으로 가슴 아픈 고백이 아닐 수 없다. 기드온에게는 하나님이 더 이상 자신들과 함께 있지 않다는 절망감이 있었던 것이다.

무력한 삶의 자리

또한 기드온에게는 '무력감'이라는 아픔도 있었다. 하나님이 그에게 사명을 주시자 그는 바로 이렇게 대답했다.

오 주여 내가 무엇으로 이스라엘을 구원하리이까 보소서 나의 집은 므낫세 중에 극히 약하고 나는 내 아버지 집에서 가장 작은 자니이다 삿 6:15

자신은 아무것도 할 수 없다는 이런 무기력한 태도는 오랜 시간 고통 가운데 빠져 있는 사람들에게서 종종 볼 수 있는 모습이다. 기드온의 이런 태도 역시 평소 그가 가지고 있었던 생활 태도와 자기 이해가 그대로 나타난 것이라고 할 수 있다. 하나님이 그를 처음 부르실 때를 묘사하는 장면을 보자.

> 여호와의 사자가 아비에셀 사람 요아스에게 속한 오브라에 이르러 상수리나무 아래에 앉으니라 마침 요아스의 아들 기드온이 미디안 사람에게 알리지 아니하려 하여 밀을 포도주 틀에서 타작하더니 삿 6:11

밀을 포도주 틀에서 타작하는 것이 뭔가 이상하지 않은가? 원래 밀 타작은 넓은 마당이나 타작을 위해 만든 뜰에서 타작용 마차나 소를 끌고 하는 것인데, 기드온은 왜 밀을 그 좁은 포도주 틀에서 타작하고 있는가? 그 이유에 대해 성경은 이렇게 이야기한다.

> 미디안 사람에게 알리지 아니하려 하여 삿 6:11

자신이 타작하는 모습을 미디안 사람들에게 들키지 않으려고 그렇게 한 것이다. 당시 기드온은 몸과 마음이 약해져 절망감과 무력감에 빠져 있었을 뿐 아니라 실제적인 삶 역시 적에게 들키지 않으려고 눈치를 보는 옹색한 삶을 살고 있었다. 이런 그의 삶이 여호와의 사자를 향한 그의 말 속에 고스란히 담겨 있었던 것이다.

그런데 하나님께서는 이런 연약하기 짝이 없는 상처투성이의 기드온을 나라를 구할 사사로 부르셨다. 이것도 놀라운데 그를 뭐라고 부르시는가?

> 여호와의 사자가 기드온에게 나타나 이르되 큰 용사여 여호와께서 너와 함께 계시도다 하매 삿 6:12

참으로 놀랍지 않은가? 여기에 나오는 '큰 용사'를 영어성경으로 보면 'mighty warrior', 즉 '힘센 전사, 강력한 전사, 영웅'이란 뜻이다. 그러나 지금 기드온의 모습은 어떤가? 미디안 사람들에게 들키지 않으려고 눈치 보며 그 좁은 포도주 틀에서 밀을 타작하고 있는 모습은 힘센 전사는커녕 초라하게 웅크린 패배자의 모습에 가깝다. 그런 기드온에게 '힘센 전사'라는 호칭이 가당하기나 한가? 그러나 이것이 우리가 살펴볼 말씀의 핵심이다.

기드온과 같은 사람이 육안(肉眼)을 가지고 있는 세상 사람들의 눈으로 보기에는 초라하고 보잘것없는 모습이라 할지라도 영안(靈眼)을 가진 하나님의 사람의 눈에는 '힘센 전사'일 수 있다는 것이다. 그렇다면 자기 자신을 어떻게 보느냐에 따라 '열등감에 사로잡힌 상처투성이의 나'와 '주님이 주시는 능력으로 힘 있게 살아가는 나'로 구분될 수 있다. 자신이 스스로를 어떻게 인식하느냐에 따라 자기 인생의 모습이 달라지는 것이다.

영안으로 보면 당당하다

목회자의 경우에 보면 목회 규모와 상관없이 열등감에 사로잡혀 실패한 목회자의 모습으로 살아가는 분들이 계신 반면, 아무리 규모가 작은 목회를 하더라도 하나님나라의 큰 용사로 살아가시는 분이 있다. 왜 이런 차이가 벌어지는 것일까?

'내가 나 자신을 어떤 눈으로 조명하고 있는가?'의 문제가 극명한 차이를 만들어내는 것이다. 이것이 가능한 것이 영적인 세계이다. 영적인 시각 없이 육안으로만 자신을 바라보면, 세상에서 조금만 잘나가도 교만해져서 기고만장하게 행동하고, 또 조금만 문제가 생기고 어려움이 닥치면 열등감에 빠져서 '나는 실패한 인생'이라는 말을 서슴없이 내뱉는 자기비하에 빠질 수 있다.

그러나 영안을 가지고 자기를 인식하면 그런 눈에 보이는 것들이 기준이 될 수 없다. 세상에서 아무리 잘나가는 사람이라 할지라도 하나님 앞에서 초라하게 웅크리고 있는 자기의 모습을 발견할 수 있어야 하고, 비록 지금의 모습은 초라하고 가진 것이 없다 할지라도 하나님께서는 나를 '힘센 용사'로 인정해주신다는 긍지를 가질 수 있어야 한다. 이것이 영적인 눈으로 자신을 바라보는 사람의 태도이다.

나도 늘 이런 맥락에서 나 자신을 바라보고 점검하려고 애쓰고 있다. 우리가 우리 자신을 하나님 없이 육안만 가진 사람의 기준으로밖에 볼 수 없다면, 우리는 정말 불쌍하고 한심한 사람일 것이다.

우리가 왜 기도하는가? 영안을 뜨려고 하는 것이다. 교회마다 열심을 내고 있는 특별새벽기도회의 목적이 일확천금에 있는 것이 아니다. 우리가 기도하는 목표는 하나이다. 그런 요행이 아니라 영안이 열려 나를 바라보는 자기 인식의 눈이 확장되는 것이다. 모든 사람이 나를 볼품없고 초라하다고 말하더라도 그 소리에 동요되지 않고 "무슨 소리야! 나는 하나님 앞에서 힘센 용사야! 겉으로 보이는 것만 가지고 판단하는 너야말로 초라한 인생이야!"라고 말할 수 있는 긍지가 우리 안에 회복되어야 한다.

하나님이 너와 함께하신다!

무력감과 패배의식에 사로잡혀 있던 기드온에게 여호와의 사자가 뭐라고 말하는가?

> 여호와의 사자가 기드온에게 나타나 이르되 큰 용사여 여호와께서 너와 함께 계시도다 하매 삿 6:12

기드온이 '큰 용사'가 되기 위해서는 그의 영안이 열려 이 사실이 보여야 했다. 육안만 가지고 사는 사람에게는 결코 보이지 않는 '여호와께서 함께 계시다'는 사실 말이다.

우리가 이 땅을 사는 동안 자기 자신이 스스로를 초라하게도 만들고 담대하게도 만드는데, 그것은 외부의 환경이 아닌 내 안의 영적인 상태에서 비롯된다. 내가 미국 이민 생활 초기에 막노동을 하며 힘들게 살 때 경험했던 것이 바로 이것이다. 상황은 똑같은데 하루에도 열두 번씩 냉탕과 온탕을 왔다 갔다 했던 것은 다른 것 때문이 아니라 바로 나의 영적 상태 때문이었다.

유대인 가게에서 허드렛일을 하며 최저임금을 받는 생활이었지만 힘센 용사도 될 수 있었고, 초라한 종업원도 될 수 있는 게 나였다. 나는 그 두 가지 모습 사이를 하루에도 몇 번씩 왔다 갔다 했다. 그러다 은혜가 점점 깊어질수록, 하나님을 더 알아갈수록, 육안이 아닌 영안으로 나와 주변을 바라보면 볼수록 비굴함은 줄어들고 당당한 긍지가 더욱 충만해졌다.

본문 말씀을 묵상하는데 문득 찬송가 432장이 떠올랐다. 2절을 보면 이런 가사가 있다.

> 큰 풍랑이 이 배를 위협하며
> 저 깊은 물 입 벌려 달려드나
> 이 바다에 노 저어 항해하는
> 이 작은 배 사공은 주님이라
>
> 나 두렴 없네 두렴 없도다
> 주 예수님 늘 깨어 계시도다
> 이 흉흉한 바다를 다 지나면
> 저 소망의 나라에 이르리라

지금 어떤 상황인가? 큰 풍랑이 위협하고 깊은 물이 입 벌려 달려들고 있다. 그럴 때 내가 할 수 있는 것은 아무것도 없지만, 영안을 뜨고 바라보면 무슨 일이 벌어지는가? 사공 되시는 주님이 내 곁에 계신 것이 보인다. 더 이상 두려움이 없다. 이 흉흉한 바다를 다 지나면 주님과 함께 저 소망의 나라에 이를 것이다.

이런 사람이 바로 본문에서 주님이 말씀하시는 '큰 용사'이다.

지금 내 편은 아무도 없는 것 같은 외로움 가운데 있는가? 텅 빈 들판에 홀로 서 있는 것 같은 고독이 우리를 찾아오고 어려운 일을 만나서 마음이 무너지고 절망될 때, 그때 당신 귓가에 하나님의 이 메시지가 크게 울려 선포되기를 바란다.

"큰 용사여! 하나님께서 너와 함께 계시도다. 육신의 눈으로만 너를 바라보지 말고 영안을 열어 너 자신을 바라보라."

이것이 하나님의 메시지이다.

고난 중에도 담대할 수 있는 이유

본문 말씀이 주는 깨달음을 크게 두 가지로 정리해보자.

첫째로는 어떤 환경에서라도 하나님께서 우리와 함께하신다는 사실을 인식한다면 우리도 담대한 용사가 될 수 있다는 사실이다. 나는 12절 말씀을 이렇게 바꾸어 읽어보았다.

"여호와의 사자가 이찬수에게 나타나 이르되 큰 용사여 여호와께서 너와 함께 계시도다 하매"

사실 나는 목회를 하면서 육체적인 어려움과 비교할 수 없는 크고 작은 영적 눌림들을 경험하곤 한다. 예배를 사모하는 마음 하나로 힘든 상황과 먼 거리를 마다하지 않고 분당우리교회에 출석하는 성도들을 볼 때마다 마음에 큰 부담을 느낀다. '내가 은혜의 통로가 되어야 할 텐데' 하는 부담감 때문에 밤에 잠도 잘 이루지 못할 때가 있다. 큰 바윗덩어리 하나가 짓누르고 있는 것 같다.

그러니 얼마나 피곤하겠는가? 긴장감이 늘 나를 감싸고 있다. 그러나 그럴 때 "여호와의 사자가 이찬수 목사에게 나타나 이르되 큰 용사여 여호와께서 너와 함께 계시도다" 하는 주님의 음성을 들으면 어느덧 내 가슴을 짓누르고 있던 바윗돌이 없어지는 것 같은 시원함을 느낀다. 목회가 내가 힘쓰고 애써서 되는 것이 아니라는 사실을 다시 한 번 깨닫게 된다. 그리고 나면 '하나님이 하시는구나. 그분께 온전히 맡겨드리자' 하는 담대함과 평안함이 샘솟는다.

지금 당신에게 힘든 일이 있는가? 이런저런 일로 마음이 지쳐 있는가? 그러나 힘센 용사의 눈으로 당신 자신을 다시 한 번 보라. 지금 상황을 어떻게 재해석할 수 있겠는가? 당신은 지금 강한 용사로 서기 위한 훈련 중인 것이다.

당신은 지금 훈련 중

언젠가 해병대 특집 프로그램을 본 적이 있다. 해병대를 훈련시킬 때 조교들이 가장 먼저 하는 것이 무엇인지 아는가? 자존심을 완전히 짓밟아버리는 것이다. 어떻게 저렇게까지 할 수 있나 싶을 정도로 훈련병들의 모든 자존심을 짓밟는다. 흙탕물에 집어넣어 눈물 콧물 흘리게 만들어놓고 또 육두문자를 써가며 모욕을 준다. 그 모습이 어떨지 한번 상상해보라. 흙탕물을 뒤집어쓰고 비 맞은 생쥐처럼 서 있는 것도 초라한데, 거기에 생전 들어보지 못했을 법한 육두문자에 모욕까지 퍼붓는다.

그런데 놀라운 사실은 그렇게 모욕을 주면 줄수록, 훈련이 고되면 고될수록 해병대로서의 긍지는 더 강해진다는 것이다. 그 모든 훈련을 마치고 나서 해병대로서 가슴에 달게 되는 빨간 명찰이 그들에게 평생 자랑스러운 긍지가 된다고 한다.

오늘 우리 삶 가운데 이리 짓밟히고 저리 짓밟히는 고난과 연단이 닥친다 해도 그것을 어떤 눈으로 바라보고 받아들이느냐에 따라 그것이 고된 훈련을 이겨낸 긍지가 될 수도 있고, 또 비참한 현실 속에 날개가 꺾인 열등감으로 나타날 수도 있다.

우리도 기드온처럼 하나님께 버림받았다는 상처와 열등감이 변해 영적인 해병대원이 되는 은혜를 누리기 바란다.

하나님은 나의 가능성을 보신다

본문에서 얻을 수 있는 두 번째 깨달음은 우리를 향하신 하나님의 성품에 관한 것이다. 하나님께서는 우리의 현재를 보시지 않고 미래의 가능성을 보신다. 즉, 하나님은 현재의 초라한 내 모습은 보는 것이 아니라 내 속에 잠자고 있는 미래의 잠재력을 보는 분이시다.

기드온의 현재 모습은 어떠한가? 초라하게 숨어서 포도주 틀에서 밀을 타작하는, 그야말로 실패자의 모습이다. 그러나 하나님은 기드온의 현재 모습에 초점을 두지 않으시고 그 내면의 상처와 열등감과 무력감이 모두 치유된 이후에 민족을 위해 쓰임 받는 탁월한 리더십을 가진 미래의 기드온의 모습에 초점을 맞추셨다. 이것이 하나님이 일하시는 방식이다.

나는 전 세계에서 우리나라만큼 살기 좋은 데는 없다고 생각한다. 물론 내가 한국 사람이기 때문에 이런 생각이 드는 것은 당연하지만, 실제로 나는 시간이 갈수록 우리나라에 대한 긍지가 커지는 것을 느낀다. 나는 진심으로 우리나라 사람들이 서로에게 좋은 점을 찾고 서로가 상생하여 이념이 아닌 진짜 나라를 사랑하는 마음으로 하나가 되기를 바란다.

그러기 위해서는 선행되어야 하는 것이 하나 있다. 현재의 상태가 아닌 미래의 가능성을 바라보는 눈을 갖는 것이다. 지금 우리나라가 보이는 모습이 비록 혼란스러울지라도 어쩌면 이 정도 혼란은 당연하다는 생각이 든다. 유럽이 수백 년에 걸쳐 이룬 일을 우리나라는 불과 몇십 년 만에 이루어내고 있지 않은가? 우리는 우리의 가능성을 볼 줄 알아야 한다. 그 가능성을 위해 정부 각 지도자와 대통령을 위해 기도해야 한다.

노무현 대통령 시절에 나는 마음이 힘든 적이 여러 번 있었다. 어떻게 우리 손으로 뽑은 대통령을 이런 식으로 폄하할 수 있는가? 대통령에 대한 비난의 수위가 갈수록 높아지던 당시의 현실을 이해하기 어려웠다.

그리고 지금 현직 대통령에 대하여 똑같은 일이 반복되고 있다. 이런 악순환의 고리를 끊어야 한다고 생각한다. 뽑을 때 신중에 신중을 기하여 선거해야 하고, 일단 취임한 이후에는 내 마음에 들지 않는다 하더라고 믿고 기다려주어야 한다. 이것은 '여당이나 야당' 혹은 '진보나 보수'라는 특정 이념을 염두에 두고 하는 말이 아니라 원론적으로 하는 말이다.

우리 손으로 뽑은 대통령이기에 우리가 기도하고 후원해서 지금 약한 부분이 있다 할지라도 우리가 기도하면 올해보다 내년에, 내년보다 내후년에 더 좋은 지도자가 될 것이라는 기대감과 긍지를 가져야 한다. 아무리 기다려줘도 변화되지 않는 지도자라면 임기가 끝날 때 투표로 평가하고 심판하면 되는 것이다.

우리는 많은 경우 약점 하나만 있으면 막 흔들어서 일할 수 없게 만드는 경우가 있다. 그러면 안 된다. 지도자의 부족한 모습에 비판도 있어야 하고 때로는 따끔한 질책도 있어야 하지만, 하나님의 시각으로 바라볼 수 있어야 한다. 그래서 긍정적인 시각으로 "이 나라에 희망이 있다. 앞으로 더 좋아질 것이다"라는 희망과 긍지를 가져야 한다.

장차의 가능성을 봐야 한다

이런 점은 교육계도 마찬가지이다. 나는 이 부분이 오늘날 교육 분야에서 가장 실패한 영역이라고 생각한다. 나는 지금의 교육 현실이 너무나 가슴 아프다. 오늘 한국 교육은 현재 내가 어느 수준인가에만 집중하고 있다. 현재만 있고 미래가 없다.

구약의 아브라함을 보라. 창세기 12장 2절에서 하나님은 그를 향해 놀라운 선언을 하고 계신다.

> 내가 너로 큰 민족을 이루고 네게 복을 주어 네 이름을 창대하게 하리니 너는 복이 될지라 창 12:2

이토록 놀라운 선언과 함께 아브라함은 하나님께 믿음의 조상이라는 인정을 받았다. 그런데 그런 인정을 받은 직후 아브라함이 제일 먼저 행한 것이 무엇인가? 그는 자신의 목숨을 부지하겠다고 자기 아내를 누이라고 속이는 비열한 짓을 했다. 한 남자로서, 남편으로서 해서는 안 될 일을 한 것이다.

이런 아브라함이 과연 복의 통로가 될 자격이 있는가? 아마 오늘날 그런 일이 벌어졌다면 신문에 세상에 없는 파렴치한으로 기사가 났을지도 모른다. 현실의 눈으로 보면 그게 맞다. 그러나 하나님은 미래의 눈으로 변화될 아브라함의 모습을 보셨다.

예수님도 현재의 눈으로 제자를 뽑지 않으셨다. 베드로를 부르실 때 예수님은 그를 뭐라고 부르셨는가?

> 예수께서 보시고 이르시되 네가 요한의 아들 시몬이니 장차 게바라 하리라 하시니라 요 1:42

'게바'는 반석이란 뜻이다. 예수님은 베드로를 향해 "네가 지금은 고기를 잡아 생계를 연명하는 평범한 인생이지만 네 속에 있는 잠재력을 이제 꺼내어주겠다. 너는 장차 반석이 될 것이다"라고 말씀하신 것이다. 이것이 예수님이 제자를 등용하신 방법이었다.

오늘 우리에게 이 주님의 손에 붙들리는 은혜가 있기 바란다. 하나님께서 우리 안에 이런 가능성을 회복시켜주실 것이다.

훌륭한 목사님을 알아본 안목

정대위 박사의 이야기이다. 이분이 중학교를 졸업하는 날 친구 몇 명과 함께 중국집에 갔다고 한다. 예전에는 졸업식 최고의 선물이 짜장면 아니었는가? 정대위 학생은 졸업의 기쁨을 만끽하며 친구들과 짜장면을 먹으면서 꿈에 부풀어 서로의 장래희망에 대한 이야기를 나누었다고 한다.

"너는 장래에 뭐가 될 거냐?"

"나는 교수가 될 거야."

"나는 과학자가 될 거야."

저마다 꿈을 이야기하는데, 정대위 학생은 "나는 목사가 될 거야"라고 대답했다. 그런데 마침 그 식당에 도산 안창호 선생이 있었다고 한다. 어린 학생들의 대화를 흐뭇하게 듣던 안창호 선생은 식사를 하다 말고 아이들에게 다가가 이렇게 격려해주었다고 한다.

"너희들이 장차 이 대한민국을 이끌어갈 위대한 기둥들이구나. 방금 말한 너희들의 소원대로 다 이루어지길 바란다."

그리고 정대위 학생에게 이렇게 말했다고 한다.

"정 목사님, 앞으로 훌륭한 목사님이 되실 줄 믿습니다. 그렇게 되실 줄 기원합니다."

어린 정대위 학생의 가슴에 그 말이 충격으로 다가왔다. 고등학교에 진학해서도 늘 이렇게 이야기했다고 한다.

"나는 한국 민족의 지도자 도산 안창호 선생이 인정해준 사람이다. 나는 훌륭한 목사가 될 것이다. 그 분이 나를 훌륭한 목사라고 불러주셨으니 나는 반드시 그렇게 될 것이다."

훗날 정대위 박사는 자신이 지난 날 실의에 빠질 때도 있었고, 절망과 좌절을 겪을 때도 많았지만 그때마다 도산 안창호 선생의 격려를 마음에 담고 이겨낼 수 있었다고 회고했다. 결국 정대위 박사는 훌륭한 목사가 되었을 뿐 아니라, 나중에 한국신학대학(지금의 한신대학교) 학장과 건국대학교 총장을 지내기도 했다.

하나님의 사자를 만났다

내게도 이런 하나님의 사자(使者)를 만난 경험이 있다. 어느 날, 모 교회에서 열린 세미나에 참석했을 때의 일이다. 강사 목사님의 말씀을 듣는데, 강사 목사님이 자신이 어린 시절 자랐던 시골 교회에 대한 묘사를 하셨다.

"우리 교회는 언덕 위에 있었는데 예배당 안에는 오래된 풍금이 놓여 있었습니다."

그 이야기를 듣는데 갑자기 내 눈에서 눈물이 흘러내렸다. 내가 자랐던 가난한 고향 교회가 생각났기 때문이다. 주일학교 장비라고는 다 찌그러져가는 풍금 하나밖에 없던 교회였지만, 그 교회에는 나를 "큰 용사여!"라고 불러주는 하나님의 사자가 있었다. 가난한 집안 형편에 열등감에 시달리던 나만 보면 "찬수야, 걱정 마라. 네 아버지가 기도하다 돌아가셨으니 너는 반드시 잘될 것이다"라고 머리를 쓰다듬으며 격려해주시던 선생님들이 있었다. 그날 그 세미나를 들으면서 그때 나의 장차를 내다보셨던 격려가 생각나 얼마나 울었는지 모른다.

이런 걸 생각하면 요즘의 청소년들이 너무 안타깝다. 그들에게는 좋은 음식, 좋은 옷, 좋은 컴퓨터는 넘치지만, 장래의 가능성을 보아주고 인정해주고 격려해주는 소리는 찾아보기 힘들다. 그 사람의 가능성을 인정해주는 말 한마디가 그의 영혼을 살리고, 인생을 살리며, 나아가 나라와 민족을 살리기도 한다.

"너는 힘센 용사다. 하나님이 너와 함께하신단다."

우리는 이렇게 우리를 격려하시는 하나님의 사자를 만나야 한다. 그리고 우리 자신이 누군가의 가능성을 보아주는 하나님의 사자가 되어야 한다. 우리 자녀들에게, 제자들에게, 이웃들에게 그 음성을 대언해주는 하나님의 사자 역할을 하기 바란다. 가능성을 보시는 하나님의 눈으로 자신과 서로를 바라보아야 한다.

그날 밤에 여호와께서 기드온에게 이르시되 네 아버지에게 있는 수소 곧 칠 년
된 둘째 수소를 끌어 오고 네 아버지에게 있는 바알의 제단을 헐며 그 곁의 아세
라 상을 찍고 또 이 산성 꼭대기에 네 하나님 여호와를 위하여 규례대로 한 제단
을 쌓고 그 둘째 수소를 잡아 네가 찍은 아세라 나무로 번제를 드릴지니라 하시
니라 삿 6:25, 26

CHAPTER 04

내 안에 있는 적을
먼저 다스려라

사사기 6장을 읽어보면 하나님의 우선순위가 어디에 있는지를 분명히 알 수 있다. 하나님께서는 이스라엘 백성의 부르짖음을 들으시고 그들을 구원할 인도자를 보내주셨는데, 앞에서 살펴본 것처럼 그들을 해방시켜줄 군대나 장수를 보내주시기에 앞서 무명의 선지자를 보내주셔서 먼저 내면의 죄악들을 점검하고 돌아보게 하셨다.

이것을 다 마치신 후에야 하나님은 실제적으로 미디안을 무찌를 사사로 기드온을 불러서 세우셨다. 그런데 그 과정에서도 하나님의 우선순위를 그대로 볼 수 있다.

그날 밤에 여호와께서 기드온에게 이르시되 네 아버지에게 있는 수소 곧 칠 년 된 둘째 수소를 끌어오고 네 아버지에게 있는 바알의 제단을 헐며 그 곁의 아세라 상을 찍고 또 이 산성 꼭대기에 네 하나님 여호와를 위하여 규례대로 한 제단을 쌓고 그 둘째 수소를 잡아 네가 찍은 아세라 나무로 번제를 드릴지니라 하시니라 삿 6:25,26

하나님께서는 기드온을 부르시면서 미디안에 대항하여 싸울 군사적인 준비보다 먼저 요구하시는 것이 있는데, 그것은 바로 기드온 집에 있던 바알의 단을 헐고 아세라 상을 찍으라는 것이었다. 아마도 기드온의 아버지가 우상을 숭배하며 집안에 우상의 단을 들여놓았던 것 같다. 그래서 하나님은 기드온에게 하나님의 일을 수행하기에 앞서 먼저 집안에 있는 우상부터 척결하라고 한 것이다.

먼저 자신을 성결케 하라

이것을 통해서 알 수 있는 것은 하나님 기준의 진정한 용사가 되기 위해서는 외부의 적을 무찌르기에 앞서 먼저 자기 자신을 성결케 해야 한다는 것이다.

여호수아가 또 백성에게 이르되 너희는 자신을 성결하게 하라 여호와께서 내일 너희 가운데에 기이한 일들을 행하시리라 수 3:5

따라서 우리도 하나님의 이 우선순위가 우리 내면의 우선순위로 온전히 세워져야 한다. 우리 본성의 우선순위는 항상 나를 돌아보는 것이 아닌 남을 탓하는 데 있다.

"네가 잘못했어. 네가 그 부분을 먼저 고쳐야 해."

"이 나라가 잘못되었어. 이 나라는 문제가 많아."

그러나 회복은 밖에서 기인하는 문제 해결이 아닌 내 안의 우상을 타파하는 것으로부터 시작된다.

당신에게 질문을 하나 하겠다. 당신 자신이 하나님 앞에서 성결을 회복하기 위해 당신 내면에서 찍어버려야 할 마음의 우상은 무엇인가? 무엇이 우상 숭배인가? 하나님보다 더 의지하는 그 무엇, 하나님보다 더 영향을 받는 그 무엇, 그것이 바로 타파되어야 할 우상이다.

나는 어린 시절 굉장히 보수적인 교단에서 자랐기 때문에 국기에 대한 경례를 하면 안 된다고 배웠다. 그래서 초등학교에 입학해 모든 아이들이 국기에 대한 경례를 할 때 나 혼자서 뻣뻣하게 서 있곤 했다. 나는 교회에서 그렇게 배웠기 때문에 의심을 품지 않고 당연히 지켜야 한다고 생각했다. 그러면서도 '다른 친구들이 보면 어떡하지? 선생님들이 보시고 야단치면 어쩌지?' 하는 걱정으로 조례가 있는 아침이 고통스러웠다.

주일성수 문제도 마찬가지였다. 주일에는 돈을 쓰면 안 된다고 배웠기 때문에 집에서 교회까지 30, 40분 되는 거리를 걸어 다녔다. 또 주일을 온전히 지키기 위해 고3 수험생 시절에도 주일에는 절대 교과서를 손에 들지 않았다. 당시는 물론 힘들었지만 나는 어린 시절에 이렇게 강한 신앙 훈련을 받게 된 것을 다행이라고 생각하고 긍지를 느낀다.

그러면서 또 한편 드는 생각은 삶 속에서 지켜야 하는 신앙 규율보다 더 중요한 것이 마음의 우상이라는 사실이다. 겉으로 드러나는 종교적 행위나 규율을 지키는 것보다 더 중요한 것은, 하나님보다 더 의지하고 있는 그 무언가를 방치하지 않는 마음의 태도이다. 목숨 걸고 신앙 행위를 지키는 것보다 더 중요한 것이 우리 마음의 우상을 찍어버리는 것이다. 하나님보다 더 의지하고 내 결정에 하나님보다 더 큰 영향력을 끼치는 것이 무엇이든지 간에 그것을 깨뜨려야 한다. 그렇지 않으면 사랑하는 남편이, 아내가, 자녀가, 부모님이, 나의 직장이, 학업이 우상이 될 수 있다. 다른 어떤 것보다 하나님이 우선이고 하나님을 의지하도록 내 안의 우선순위가 회복되어야 한다.

우리 마음의 상처가 하나님께 드려져야 한다

본문 말씀에서 우리가 중요하게 살펴봐야 할 것이 또 하나 있다. 우리 내면의 상처와 아픔과 울분이 하나님께 드려져야 한다는 것이다.

앞에서 살펴본 것처럼 기드온의 내면에는 상처와 울분이 있었다.

'하나님께 선택받은 하나님의 백성이 이토록 오랫동안 미디안 사람들에게 치욕과 수치를 당해야 하는가? 하나님은 왜 우리를 내버려 두시는가?'

이것이 기드온의 내면에 자리 잡고 있던 울분이었다. 그 울분의 눈으로 세상을 보니 모든 것이 답답했다. 이런 상태에서는 호의를 호의로 받아들이지 못한다. 하나님의 사자가 기드온에게 얼마나 호의적으로 다가갔는가? 그러나 "큰 용사여"라고 부르며 호의적으로 다가가는 하나님의 사자에게 기드온은 어떻게 반응하는가? 하나님이 살아 계시다면 어떻게 이 민족을 방치하실 수 있으며, 왜 과거에 조상들에게 베푸셨던 기적을 우리에게는 베푸시지 않으시냐고 원망을 토해낸다. 상처가 있는 사람은 호의를 호의로 받아들이지 못하는 것이다.

따라서 누군가에게 호의를 가지고 다가갔는데 그 사람이 내 손을 딱 뿌리치면, 그것만 보고 기분 나빠 해서는 안 된다. 하나님께서는 그렇게 응수하지 않으신다. 그 내면의 상처를 볼 줄 알아야 한다. 그 상처를 헤아려주는 태도가 하나님의 마음이다. 기드온이 하나님을 향해 원망과 울분을 토해냈을 때, 하나님은 그를 나무라지 않으셨다. 오히려 하나님께서는 기드온의 그런 울분과 상처까지도 사용하셨다.

내면의 울분이 강력한 에너지가 된다

사람의 내면에 있는 울분이 강력한 에너지가 될 수 있다. 과거 젊은 대학생들은 그 뜨거운 가슴에 독재정권에 대한 울분이 쌓이고 쌓여서 자신의 몸을 희생하면서까지 민주화 운동에 뛰어들었다. 그들의 행동이 옳다 그르다를 말하기에 앞서 그 젊은 나이에 나라와 민족의 현실에 대한 울분을 느끼고 나라를 위해 자신의 목숨까지 바친 그 열정이 지금 우리가 누리는 자유의 밑거름이 되었다는 것은 부인할 수 없다.

이처럼 우리 내면의 울분은 때때로 강력한 에너지가 된다. 그 울분이 쌓이고 쌓이면 평상시에는 두려워서 결코 할 수 없는 일들을 하게 한다. 여기서 중요한 것은 그 내면의 울분이라는 강력한 에너지를 다스리지 못하면 그것이 파괴적인 에너지가 되어 나를 파괴하고 상대방도 파멸시키는 불행한 씨앗이 될 수 있다는 것이다.

이것은 매우 중요한 포인트이다. 기드온의 내면에 차 있던 울분이 하나님을 만나고 하나님께 드려지면서 나라와 민족을 구하는 에너지로 승화되었다.

우리도 기드온처럼 눈앞에 펼쳐진 현실을 보며 거룩한 울분을 느껴야 한다. 신문기사나 TV 프로그램을 볼 때 사회를 향한, 오늘날 한국 교회를 향한 거룩한 울분이 필요하다. 이것은 다른 사람을 향한 울분이 아니다. 우리 자신을 향한 울분이다. 세상의 빛과 소금의 역할을 감당해야 하는 하나님의 백성이 세상의 조롱거리가 되는 현실에 대해 우리 자신을 돌아보며 울분을 품어야 한다.

우리 그리스도인들이 항상 하나님 앞에서 두려워해야 하는 것 중 하나는 우리의 이기적인 태도이다. '나는 지금 예수님 잘 믿고 잘 살고 있는데, 뭐가 걱정이야?' 하는 이기적인 태도 때문에 우리 안에 거룩한 울분이 생기지 않는다. 그것은 비겁한 마음이다. 사회의 구조적인 모순, 약자들이 흘려야 하는 피눈물, 이웃들의 숨겨진 고통이 보이지 않게 된다. 약자에 대한 배려는 점점 더 사라져간다. 그 결과 지금 이 사회는 극심하게 양분된 사회가 되고 말았다.

누가 이 문제를 풀 수 있는가? 우리가 먼저 풀어야 한다. 우리가 우리의 욕심을 조금만 줄이고 조금만 더 나누고 이웃의 아픔을 돌아보아야 한다. 우리는 자신도 모르게 울분이라고는 찾아볼 수 없는 나약한 태도를 갖게 되었다.

나 자신을 돌아보아도 부끄러운 고백을 할 수밖에 없다. 내 안에 이런 나약함이 있다는 사실을 부인할 수 없다. 내가 20,30대 때는 마음에 시대와 나라를 향한 울분과 바람들이 있었다. 23살 때 미국에 이민 가서는 "내가 40살에는 반드시 한국에 돌아간다. 미국에서 돈 많이 벌어서 한국에서 고아원도 세우고 양로원도 세워서 연약한 사람들을 섬기고 도와야겠다. 그래서 미력하지만 우리나라를 변화시키겠다" 하는 포부와 안타까움이 있었다.

그런데 나이 마흔을 훌쩍 뛰어넘은 지금, 여전히 피가 끓던 20대의 열정이 남아 있는가를 돌아보게 된다. 예수 믿는 우리 모두는 이 열정을 회복해야 한다. 연약한 이웃을 돌보고 섬기는 일에 마음을 쏟아야 한다. 뿐만 아니라 많은 구조적 모순을 안고 있는 이 사회를 살면서 그런 것들을 변화시키고 고치기 위해 노력을 기울여야 한다.

오늘 우리는 하나님의 이름을 노골적으로 조롱하는 시대를 살고 있다. 거기에 항거해야 한다. 그리고 왜 이렇게 되었는지를 돌아보고 점검해야 한다.

사실 다윗이 골리앗을 무찌른 것이 물론 기적이었지만, 거인 골리앗에게 덤빌 수 있었던 것이 더 큰 기적이다. 다윗이 그렇게 덤빌 수 있었던 것은 그 안에 있던 건강한 울분 때문이다. '하나님의 이름을 저렇게 조롱하는 인간을 내가 용납할 수 없다'라는 다윗의 울분이 민족을 살려내는 에너지가 되었다.

오늘날 우리 아이들은 너무 약하다. 중고등부, 청년부를 담당하는 교역자들이 한결같이 하는 이야기가 "우리 청년들이 너무 약합니다. 착하기는 한데 너무 약합니다"이다. 내 마음에도 이것이 항상 숙제로 남아 있다. 누가 이렇게 만들었는가? 건강하고 거룩한 울분 없이 자기 자신만 생각하도록 키운 부모들 잘못이다. 시대를 바라보는 눈을 길러주지 못한 우리 어른들의 잘못이다.

시대와 민족을 바라보게 하고, 오늘날 이 시대의 모순을 통탄하게 하는 교육이 부족하다 보니 우리 아이들 안에 다윗과 같은 야성이 없다. 골리앗에게 덤비는 패기와 야성이 부족하다. 내가 청년 집회를 가면 자주 하는 이야기가 있다.

"다윗처럼 물매 돌로 골리앗을 이기는 일이 현실에서는 드물다. 대부분이 골리앗에게 덤볐다가 두들겨 맞거나 짓밟히는 것이 현실이다. 그러나 맞을 때 맞고 죽을 때 죽더라도 우리 한번 골리앗에게 덤비다가 죽자!"

도둑질하고 살인하는 것만이 죄가 아니다. 이 시대와 민족의 아픔을 헤아리지 못하고 느끼지 못하는 불감증도 죄이다. 우리가 우리 자신만 생각하는 탐욕적인 그리스도인이 되어버린다면, 그게 바로 죄인 것이다. 오늘 우리 안에 서룩한 울분이 회복되어야 한다.

트위터에 날마다 올라오는 사회와 교회에 대한 비판적인 글들을 볼 때면 기성세대의 한 사람으로서 할 말이 없고 미안한 마음뿐이다. 그러나 그런 비판만 일삼는 젊은 청년들에게 하고 싶은 말이 있다. 비판만 해서는 아무것도 달라지지 않는다. 다가올 시대를 준비해야 한다. 청년들 손에 물매 돌이 들려져야 한다. 조금만 더 지나면 기성세대의 시대는 막을 내린다. 곧 젊은이들의 시대가 올 것이다. 그때 똑같은 아픔과 문제가 되풀이되는 것을 막으려면 지금부터 비판만 할 것이 아니라 물매 돌을 준비해야 한다. '내 시대는 내 손에 달려 있다'는 거룩한 울분과 사명감을 가지고 준비해야 한다.

통제된 에너지가 큰 힘을 발휘한다

그런데 여기서 한 가지 기억해야 할 것이 있다. 우리는 거룩한 울분을 가져야 하는 동시에, 그 울분이 하나님께 통제될 수 있도록 해야 한다. 불은 두 종류가 있다. '통제된 불'과 '통제되지 않은 불'이 그것이다. 통제된 불은 음식을 하거나 난방을 할 수 있는 유용한 에너지가 된다. 그러나 통제되지 않은 불은 산불을 일으키고 파괴적인 결과를 초래한다. 그렇기 때문에 아무리 거룩한 의분일지라도 그것이 통제되지 않으면 위험한 에너지가 될 수 있음을 기억해야 한다.

트위터(twitter)나 페이스북(facebook)과 같은 곳에 올라오는 글들을 보면 때때로 그런 불안감이 든다. 분명 거룩한 의분이요, 민족을 향한 분노이다. 그러나 그것을 통제해주는 사람이 없을 때 그것이 아무리

옳고 정당하다 할지라도 통제되지 않은 불과 같이 될 위험이 있기 때문이다.

당신 안에 거룩한 의분이 있는가? 그 의분이 정치권이나 사람에게 영향 받기 전에 하나님의 영향을 받는 은혜가 있기를 바란다. 하나님의 통제 아래서 거룩한 의분이 통제된 불과 같은 긍정적인 에너지가 되기를 바란다. 다윗을 보면 '의분의 통제'가 얼마나 중요한가를 발견할 수 있다.

> 큰형 엘리압이 다윗이 사람들에게 하는 말을 들은지라 그가 다윗에게 노를 발하여 이르되 네가 어찌하여 이리로 내려왔느냐 들에 있는 양들을 누구에게 맡겼느냐 나는 네 교만과 네 마음의 완악함을 아노니 네가 전쟁을 구경하러 왔도다 *삼상 17:28*

다윗은 이때 몹시 예민해져 있는 상태였다. 하나님을 모욕하는 이방 사람 골리앗을 향한 울분이 치솟고 있는 때였다. 그런 민감한 상황에 형 엘리압이 뭐라고 지적하는가? 엘리압의 말을 오늘날의 표현으로 바꾸어보면 다음과 같을 것이다.

"너 지금 여기 왜 왔니? 하여간 너는 그 영웅 심리가 문제야. 사람들이 많이 모여 있으니 인정받고 싶은 마음 때문에 여기 온 거지? 어서 집으로 돌아가!"

엘리압은 다윗을 향하여 근거도 없는 비난을 퍼붓는다. 그럴 때 다윗이 무엇이라고 말하는지 보라.

> 다윗이 이르되 내가 무엇을 하였나이까 어찌 이유가 없으리이까 하고 삼상 17:29

다윗은 "형, 내가 무엇을 잘못했습니까? 왜 이유도 없이 비판합니까? 내가 이렇게 할 때에는 이유가 있는 것이에요"라고 말하고 있는 것이다. 그리고 이어진 다윗의 행동을 보라.

> 돌아서서 다른 사람을 향하여 전과 같이 말하매 백성이 전과 같이 대답하니라 삼상 17:30

"전과 같이"는 무엇을 의미하는가? 마음의 평정심을 잃지 않았다는 것이다. 다윗의 의분이 하나님에 의해 통제되고 있기 때문에 그 의분의 칼날을 휘둘러야 할 때와 그렇지 않을 때를 정확하게 구분하고 있다는 것이다.

오늘날 한국교회의 모습을 보라. 다윗이 골리앗에게 품은 것과 같은 거룩한 의분을 품고 앞으로 나아가려는데, 누군가 옆에서 조롱한다.

"이봐, 당신 지금 영웅 심리로 이러는 거 같은데, 아무 데서나 나서지 말아!"

그때부터는 골리앗을 향해 나가던 발걸음을 멈추고 이 두 사람이 싸우기 시작한다. 골리앗이 심판 보고 다윗과 엘리압이 싸우는 형상이다. 의분이 있지만, 그 의분이 하나님에 의해 통제되지 않다 보니 이런 일들이 벌어진다.

지금 우리 안에 거룩한 의분이 있는가? 있다면 그 의분이 하나님께 통제되고 있는가? 조롱하는 형 엘리압을 향하여 자신의 에너지를 낭비하지 않고 원수 골리앗을 향해 의연하게 나아가는 이 시대의 다윗들이 많이 일어나기를 바란다.

모든 것은 하나님이 행하신다

우리 안에 이 우선순위가 회복되어야 한다. 내 안에 타파되어야 할 우상은 없는지, 하나님보다 더 의지하는 것은 없는지를 먼저 살펴야 한다. 또한 나만 생각하는 이기적인 신앙이 아닌 시대와 민족을 바라보는 거룩한 의분이 내 안에 있는지, 그 의분이 하나님에 의해 통제되어 긍정적인 에너지로 승화되고 있는지를 살펴야 한다. 그저 자기 한 몸 잘 먹고 잘 사는 데 만족하는 이기적이고 비겁한 신앙을 가지고 있는 건 아닌지 면밀히 살펴야 한다.

우리가 하나님보다 더 의지하는 내면의 우상을 무너뜨리며, 동시에 자신만 생각하는 비겁하고 이기적인 태도를 버리고 거룩한 의분을 품을 때, 하나님께서 그 의분을 사용하실 것이다. 이 모든 것이 어우러져 하나님께 올려지는 산제사가 되기를 바란다.

내가 내 울분에 힙싸여 나 스스로 어떠한 일을 하려고 하면 할 수 없다. 나는 그런 일을 할 수 있는 사람이 아니다. 하나님께서는 우리의 낮은 마음을 사용하신다. 낮은 자를 높여주시는 하나님의 원리를 기억해야 한다. 내가 높아지려고 내 뒤꿈치를 들고 까치발을 들면 힘이 들어서 오래 서 있을 수 없다. 내가 낮아지고 무릎 꿇을 때, 그때 주님의 영(靈)이 나를 높여주시고 영화롭게 하신다. 이것을 믿어라. 나는 이 원리를 수없이 많이 경험했다.

나는 기드온보다 훨씬 많은 열등감과 울분으로 가득했던 초라한 인간이었다. 그러나 하나님께서 모두 이끌어주셨다. 우리가 할 일은 하나밖에 없다.

"하나님, 저는 자격이 없습니다. 제 안에서 나올 것은 아무것도 없습니다."

이런 마음을 가지고 하나님을 높이고 찬양하는 것, 이 한 가지만 하면 된다. 모든 것은 하나님이 행하신다.

그날 밤에 여호와께서 기드온에게 이르시되 네 아버지에게 있는 수소 곧 칠 년 된 둘째 수소를 끌어오고 네 아버지에게 있는 바알의 제단을 헐며 그 곁의 아세라 상을 찍고 또 이 산성 꼭대기에 네 하나님 여호와를 위하여 규례대로 한 제단을 쌓고 그 둘째 수소를 잡아 네가 찍은 아세라 나무로 번제를 드릴지니라 하시니라 이에 기드온이 종 열 사람을 데리고 여호와께서 그에게 말씀하신 대로 행하되 그의 아버지의 가문과 그 성읍 사람들을 두려워하므로 이 일을 감히 낮에 행하지 못하고 밤에 행하니라 삿 6:25, 27

CHAPTER 05

두려움을
두려워하지 말라

앞에서 우리는 기드온이 가졌던 울분에 대해 살펴보면서, 울분과 관련된 두 가지 메시지를 살펴보았다. 첫 번째는 하나님의 이름이 조롱당하는 이 시대를 향한 거룩한 울분이 필요하다는 것이었고, 두 번째는 그 울분이 하나님에 의해 통제되어야 한다는 것이었다.

울분도 에너지이기 때문에 그 울분이 아무리 정당하다 할지라도 하나님에 의해 통제되지 않으면 위험한 결과를 초래한다. 기드온처럼 내면의 상처와 울분이 하나님에 의해 통제되고 그분의 은혜 아래 치유되고 변화 받을 때, 그것이 민족을 구하고 하나님의 뜻을 이루는 건강한 에너지로 발전하는 것이다. 따라서 우리는 우리 안의 울분이 기드온처럼 하나님에 의해 통제되고 은혜 아래 거하게 되기를 기도해야 한다.

'야레'가 '살롬'으로 변화된 은혜

그러면 이제 그 울분이 하나님의 은혜 아래서 치유되고 건강한 에너지로 변화된 후에는 어떻게 해야 하는가? 하나님의 부름을 받은 기드온은 어떻게 되었는가?

> 이에 기드온이 종 열 사람을 데리고 여호와께서 그에게 말씀하신 대로 행하되 그의 아버지의 가문과 그 성읍 사람들을 '두려워'하므로 이 일을 감히 낮에 행하지 못하고 밤에 행하니라
> 삿 6:27

여기에 나오는 '두려움'의 히브리 원어는 앞에서 살펴보았듯이 '야레'이다. 이 '야레'는 23절에도 나온다.

> 여호와께서 그에게 이르시되 너는 안심하라 '두려워'하지 말라 죽지 아니하리라 하시니라 삿 6:23

기드온에게는 절대자에 대한 두려움이 있었다. 그런데 하나님은 그런 두려움에 빠져 있는 기드온을 향해 "안심하라"라고 말씀해주시는

데, 이 '안심하라'를 원어로 보면 '샬롬'이다. '샬롬'은 우리가 잘 아는 것처럼 '평안하다'라는 뜻을 가지고 있다. 이것을 다시 정리하면 하나님께서는 야레, 즉 두려움에 빠져 있는 기드온을 향해 '야레' 대신 '샬롬'을 선물로 주셨다는 것이다. 이것은 절대자 되시는 하나님이 유한한 존재인 인간에게 주실 수 있는 최고의 선물이다.

'야레'의 대상인 하나님이 '샬롬'의 대상으로 바뀌는 것, 이것이 은혜이다. 그리고 하나님과 이 샬롬의 관계를 맺은 사람에게 사사기 6장 10절의 말씀이 이루어진다.

> 내가 또 너희에게 이르기를 나는 너희의 하나님 여호와이니 너희가 거주하는 아모리 사람의 땅의 신들을 두려워하지 말라
>
> 삿 6:10

하나님과의 관계가 회복되고, 하나님이 더 이상 내게 두려움의 대상이 아니라 평안의 대상이 되면 세상에서 무서운 게 없어진다. 샬롬의 관계는 주종(主從)의 관계가 아니라 아버지와 자녀와의 관계이다. 우리 자녀들을 보면 이 샬롬의 관계가 무엇인지 확연히 알 수 있다.

분당우리교회가 학교에서 예배를 드리다 보니 나는 거의 매일 학교에 왔다 갔다 한다. 그러다 보니 송림중고등학교 학생들 중에 간혹 나를 알아보는 아이들이 있다. 자기들끼리 까불고 장난치다가도 나를 보면 "어, 이찬수 목사님이다!" 하고는 태도가 달라진다. 달려와서 인

사하는 아이도 있고, 경직되거나 긴장하는 아이도 있다. 그 모습을 보면 괜히 내가 아이들을 방해하는 것 같아 미안한 마음에 얼른 자리를 피해준다.

그런데 우리 집에 있는 세 아이들은 나를 어려워하지 않는다. 어떨 때는 '이 아이들이 나를 우습게 보는 것 아닌가?' 하는 마음이 들기까지 한다. 투정을 부리기도 하고 온갖 짜증을 다 내게 풀기도 한다. 이것이 샬롬의 관계이다. 우리 아이들에게 나는 분당우리교회 목사가 아니라 그저 아빠이다. 그래서 내게 실수해도 괜찮고 짜증을 부려도 괜찮은 것이다. 그렇다고 아빠가 자기들을 내치지 않을 거라는 믿음이 바탕이 되어 있는 관계가 샬롬의 관계이다.

또한 아빠가 옆에 있으면 세상에 두려울 것이 없다. 우리 아이가 서너 살 되었을 때 아이를 데리고 동네 공원에 가면 저보다 훨씬 나이가 많고 큰 아이들을 보고서도 두려워하지 않고 괜히 시비를 걸고 장난을 친다. 아버지가 곁에 있을 때 두려움이 없는 상태, 바로 이것이 샬롬의 관계인 것이다.

하나님과의 샬롬의 관계를 회복하는 은혜를 누린 기드온은 자신에게 주어진 샬롬의 은혜에 감격하여 하나님을 위한 제단을 쌓고 그것을 '여호와 샬롬'이라고 이름 붙였다.

> 기드온이 여호와를 위하여 거기서 제단을 쌓고 그것을 여호와 샬롬이라 하였더라 삿 6:24

살롬 이후에 찾아온 두려움

그런데 여기서 한 가지 살펴봐야 할 것이 있다. 이렇게 충만한 상태로 두려움이 해결되고 하나님과의 관계가 야레에서 살롬으로 바뀌면서 이 세상에 어떤 것도 두렵지 않은 담대함이 기드온에게 생겼는데, 그 후에 무슨 일이 일어났는가?

> 이에 기드온이 종 열 사람을 데리고 여호와께서 그에게 말씀하신 대로 행하되 그의 아버지의 가문과 그 성읍 사람들을 두려워하므로 이 일을 감히 낮에 행하지 못하고 밤에 행하니라 삿 6:27

어떻게 이런 일이 있을 수 있는가? 담대해진 기드온이 막상 하나님의 명령을 수행하려고 하자 또다시 그 내면에 예전의 두려움이 찾아왔다. 그래서 우상을 훼파하는 일을 낮에 행하지 못하고 밤에 몰래 행했다.

사실 본문에서 볼 수 있는 기드온의 모습이 딱 우리의 모습이다. 우리는 과거에 많은 은혜를 받아 누렸다. 그래서 우리 내면의 두려움의 '야레'가 기쁨의 '살롬'으로 변하는 것을 많이 경험했다. 그런데 어찌된 영문인지 그 기쁨이 오래가지 못한다. 마치 그렇게 충만한 '살롬'의 기쁨을 누리던 기드온이 금방 두려움의 상태로 돌아오는 것처럼 말이다.

이런 면에서 은혜 받은 이후에 기드온에게 엄습한 그 두려움은 너무도 실제적이고 현실적이며 이해 가능한 두려움이다. 자신이 바알의 제단과 아세라 제단을 찍어버리면 그것을 아끼던 아버지의 분노를 살 것이 분명하고, 더 나아가 아버지와의 관계가 아예 깨질 수도 있다는 두려움이 본능적으로 들어온 것이다.

또 그 일은 아버지와의 관계뿐 아니라 마을 사람들의 분노 역시 살 수 있는 일이었다. 기드온의 이런 예상은 정확하게 맞아떨어졌다. 이런 두려움 때문에 기드온은 밤에 몰래 나가 비굴하게 하나님의 명령을 수행했다.

중간지대의 두려움

그렇다면 이런 일은 왜 일어나는가? 분명 하나님께서 우리의 두려움을 평안으로 바꿔주셨고, 하나님이 함께하시기에 우리는 두려워하지 않아도 된다는 은혜를 입었다. 그러나 그 은혜가 채 가시기도 전에 왜 또다시 우리는 두려움에 휩싸이고 마는가?

폴 투르니에(Paul Tournier, 1898~1986)라는 유명한 상담심리학자는 이 같은 불안을 명명하기를 '중간지대의 불안'이라고 했다. 폴 투르니에가 쓴 《인간의 자리》라는 책을 보면 다음과 같은 내용이 나온다.

> "우리가 새로운 자리를 찾기 전에 떠나야 하는 자리가 있고, 둘 사이에는 자리가 없는 자리, 지지 받을 수 없는 자리, 자리가 아닌 자리가 있는 것이다. 불인은 어떤 행동을 취할 것인가를

놓고 마음속에서 망설이고 있음을 나타내는 표시라는 사실을 상당히 설득력 있게 보여준다. … 나는 서커스에서 공중 그네를 타는 사람을 생각하고 있다. 반대편 그네를 잡기 전에 잠시 공중에 머물러 있으려면 정확한 순간에 잡고 있는 그네를 놓아야만 한다. 여러분이 그네 타는 사람을 지켜보면서 그와 동일시해 보면 그가 첫 번째 지지를 놓아 보내고 두 번째 것은 아직 잡지 못한 중간지대에서 불안을 경험할 것이다. … 나는 이것이 '인간을 주저하게 만들고 떠나보내고 싶은 것을 떠나보내지 못하게 하는 힘은 무엇인가?'에 대한 답이라고 생각한다. 그것은 중간지대의 불안이다."

폴 투르니에의 설명에 따르면 우리는 어둠의 영역에서 밝음의 영역으로 첫 발을 내딛고 있는 것이다. 공중 그네를 타는 사람은 자신이 의지하고 있던 한 축을 놓은 다음에 그 다음 축을 잡을 수 있다. 그것을 잘 잡아야 서커스가 성공이다. 폴 투르니에가 말하는 중간지대는 이것을 놓아야만 하는 상황을 말한다. 잡고 있던 한쪽 축을 놓았지만 저쪽 축은 붙잡지 못한 상태, 이것이 중간지대의 불안이라는 것이다. 다시 말해서, 모든 인간은 성화(聖化)의 길로 들어서서 영적 요단강을 건너 온전한 하나님나라로 들어가기 전에는 모두가 이 중간지대의 불안 가운데 있다는 말이다.

불안을 정죄하지 말라

이 중간지대의 불안을 다루기 위해 우리가 기억해야 할 것이 있다. 그것은 두 가지 부분에서 균형을 잡는 것이다.

첫째로 기드온처럼 우리의 삶의 현장에서도 나타나는 중간지대의 불안을 정죄해서는 안 된다.

이미 언급한 것처럼 우리 안의 울분이 사라지고 상처가 치유된 상태에서 끝나면, 돌아서서 더 큰 위험에 빠질 수 있다. 예배를 통해 내 안의 모든 불안이 사라져 기쁨으로 춤출 것 같은데 막상 집으로 돌아가면 또다시 아내가 미워지고, 남편이 미워지면서 불안감이 엄습해 더 큰 절망의 나락으로 빠져들 위험이 있다는 말이다.

따라서 이것에 대한 이해가 필요하다. 우리가 은혜를 받고 성령님의 도우심으로 내 안의 모든 상처와 울분이 다 치유 받고 해결되었다 해도 자고 일어나면 또다시 불안이 엄습하는 게 정상이라는 것이다. 그것이 중간지대의 불안으로, 성화를 향해 나아가는 과정에서 나타나는 지극히 정상적인 반응이다. 그러므로 우리는 그런 우리 자신을 정죄하면 안 된다.

영적인 불감증 못지않게 위험한 것이 영적인 결벽증이다. 믿음이 좋다는 사람들에게 나타나는 너무나 무서운 증세가 이 영적 결벽증이다. 이 사람들은 중간지대의 불안을 용납하지 못한다. 날마다 자기를 정죄한다. 하루도 마음 편할 날이 없다.

결벽증이 무엇인가? 방금 비누로 손을 씻었는데 5분도 안 되어서 또 불안해지는 것이다. 내 손에 세균이 있을 것 같아서 견딜 수 없는 것이다. 깔끔하고 깨끗한 것은 건강한 것이지만 결벽증은 병이다. 우리가 하나님 앞에서 영적인 불감증을 두려워하고 경계해야 하는 것은 건강한 것이지만, 영적 결벽증은 병이다. 우리 자신을 용납해야 한다. 하나님께서는 중간지대의 불안을 용납해주신다. 우리는 시행착오를 겪으면서 성화를 향해 나아가고 있는 과정 중에 있는 것이다.

하나님의 손길을 기억함으로 승리를 확신하라

두 번째로 기억해야 할 균형은 무엇인가? 우리에게 중간지대의 불안이 찾아올 때 자신을 정죄하지 말고 용납하되, 자기합리화를 시켜서는 안 된다.

이 중간지대의 불안을 반드시 이겨낼 수 있다는 확신을 가져야 한다. 그리고 그 불안의 순간에 우리를 '야레'에서 '살롬'으로 옮기셨던 하나님의 은혜의 순간을 기억해야 한다.

> 여호와께서 그에게 이르시되 너는 안심하라 두려워하지 말라 죽지 아니하리라 하시니라 기드온이 여호와를 위하여 거기서 제단을 쌓고 그것을 여호와 살롬이라 하였더라 그것이 오늘까지 아비에셀 사람에게 속한 오브라에 있더라 삿 6:23,24

기드온은 이 순간을 항상 기억해야 했다. 우리 역시 우리가 십자가의 은혜로 모든 두려움이 변하여 진정한 평안을 입었던 순간을 기억해야 한다.

"비록 내게 두려움이 엄습하고 연약함이 여전히 내 안에서 꿈틀거리고 있지만, 이미 주님의 십자가가 사탄의 머리를 짓밟았다. 내가 비록 흔들릴지라도 나는 다시 옛날로 돌아가지 않는다. 나는 변화되었다. 나는 하나님과 샬롬의 관계를 이룬 하나님의 사람이다."

이런 확신을 가지고 살아가다가 또다시 영적 중간지대의 염려와 불안이 찾아오면 그 은혜의 현장을 떠올려야 한다. 과거에 하나님이 주셨던 샬롬의 관계를 기억하는 것이 영적인 생활에 큰 유익이 된다. 다윗이 그렇게 했다. 그가 하나님을 모욕하는 골리앗에 맞서려고 하자 다들 말렸다. 어떤 이들은 비아냥거리기까지 했다. 그때 다윗은 이렇게 이야기한다.

> 주의 종이 사자와 곰도 쳤은즉 삼상 17:36

내가 비록 아무것도 없어 보이고 보잘것없어 보여도 나에게는 남들이 모르는 것이 있다는 것이다. 과거 나를 도와주셨던 하나님과의 추억이 있다는 이야기이다. 위기에 처하고 두려움이 몰려올 때, 내가 보호해야 하는 양들을 사나운 곰과 사자가 공격할 때, 그때 하나님께서 내게 어떤 은혜를 베푸셔서 도우셨는지 다른 사람은 모르지만 자신은 기억한다는 것이다.

세상 사람들은 우리의 실력을 모른다. 우리 내면의 힘을 모른다. 야레의 문제가 해결되어 샬롬으로 변한 그 놀라운 은혜를 모른다. 겉모양으로 실력이 드러나는 것이 아니다. 100평짜리 아파트에 살고 고급 자동차를 끌고 다닌다고 실력 있는 것이 아니다. 눈에 보이지 않지만 우리 내면에 있는 하나님과의 '샬롬의 관계', 즉 "주의 능력을 힘입어 사자와 곰도 쳤던" 그 추억이 진짜 강력한 영적 실력이다.

　우리는 내면에서 일어나는 중간지대의 불안을 영적 결벽증으로 내치기만 할 것이 아니라 수용하는 태도를 가져야 한다. 또한 지금의 자신이 과거 불안에 사로잡혔던 자신이 아니라 이미 주님의 샬롬의 은혜를 입은 존재임을 기억해야 한다. 사탄의 머리는 이미 십자가로 말미암아 깨어졌다. 지금 나를 두렵게 하는 것은 사탄의 꼬리에 불과하다. 독뱀에 물리면 죽지만, 꼬리에 맞아서는 아프긴 해도 죽지 않는다. 이 확신을 가지고 하나님과 샬롬의 관계를 이루었던 그날을 기억해야 한다. 이것이 중간지대의 두려움을 몰아내는 실제적인 능력이 될 것이다.

기드온의 고향 사람들이 어떻게 이렇게 극단적으로 변할 수 있었는가? 기드온의 능력으로는 그렇게 타락한 사람들을 변화시킬 재간이 없다. 그러나 성령의 능력이 그에게 임하자 사람을 변화시키는 능력이 그에게서 나왔다. 이것이 성령의 능력이다. 우리 심령을 변화시킬 수 있는 능력은 오직 성령의 능력뿐이다. 그토록 강퍅했던 아비에셀 사람들을 변화시킨 능력 역시 다이너마이트와 같은 폭발력을 가진 성령의 능력, 곧 두나미스이다.

PART
03

성령의 능력으로 굳세게 서라

그때에 미디안과 아말렉과 동방 사람들이 다 함께 모여 요단 강을 건너와서 이스르엘 골짜기에 진을 친지라 여호와의 영이 기드온에게 임하시니 기드온이 나팔을 불매 아비에셀이 그의 뒤를 따라 부름을 받으니라 기드온이 또 사자들을 온 므낫세에 두루 보내매 그들도 모여서 그를 따르고 또 사자들을 아셀과 스불론과 납달리에 보내매 그 무리도 올라와 그를 영접하더라 삿 6:33-35

CHAPTER 06

성령충만할 때
진정한 능력이 나타난다

앞에서 우리는 비록 현재 두렵고 그 이후의 일들이 걱정되지만 우상을 제거하라고 말씀하시는 하나님의 명령에 순종한 기드온의 모습을 살펴보았다. 그런데 그 이후 기드온이 염려했던 일들이 결국 실제로 벌어졌다. 무슨 일이 일어났는가?

성읍 사람들이 요아스에게 이르되 네 아들을 끌어내라 그는 당연히 죽을지니 이는 바알의 제단을 파괴하고 그 곁의 아세라를 찍었음이니라 하니 삿 6:30

그런데 지금 여기서 우리를 놀라게 하는 것은 바알과 아세라 우상이 찍혔다고 격분하는 사람들이 누구냐 하는 것이다. 우상을 섬기는 미디안 사람들인가? 아니다. 이스라엘 백성들이다. 하나님의 백성이라는 이스라엘 사람들이 하나님의 명령을 수행한 기드온을 죽여버리겠다고 격분하는 현장, 이것이 본문 말씀의 배경이다.

나는 이 장면을 보면서 과거 홍해를 건널 때 구원의 감격으로 전심을 다해 춤추며 하나님을 찬양했던 이스라엘 백성이 이렇게까지 타락한 것에 대한 씁쓸한 마음을 감출 수 없었다.

그 민족이 어쩌다 이렇게까지 타락했을까, 과연 인간의 타락이 어디까지 갈 수 있을까 싶은 마음에 씁쓸함을 감출 수 없었던 것이다.

과연 인간의 타락은 어디까지일까? 다윗의 경우를 보자. 하나님을 향한 열정만으로 거인 골리앗을 무찔렀던 다윗이었다. 또한 사울 왕에게 억울하게 쫓겨 다닐 때에도 하나님을 향한 신뢰를 잃지 않았던 그였다. 그런데 왕위에 오른 후 그가 어디까지 타락하였는가? 남편이 있는 여자와 동침하여 임신을 시키는 자리, 자신의 악행을 감추기 위해 자신의 충신인 그 남편을 죽이는 비열한 자리에까지 나아갔다.

인간의 의(義)라는 것이 원래 벼랑 끝에 서 있는 것과 같고 살얼음판 위를 걷는 것과 같이 위태롭다. 한 발만 잘못 디디면 나락으로 떨어지고 마는 것이 인간의 모습이다.

넘어질까 조심하라

얼마 전에 미국에서 오신 목사님과 이런저런 이야기를 나눌 기회가 있었다. 그 분은 목회자들의 타락에 대해 우려하면서 깜짝 놀랄 만한 이야기를 전해주었다. 미국에서 유명한 한 목사님이 성적(性的)인 죄를 저지른 것이 발각되어 수치를 당하게 됐다고 한다. 그러면서 이분이 하시는 말씀이 자신이 그 일이 일어나기 한 주 전에 그 목사님의 설교를 들으면서 많은 은혜를 받았는데, 공교롭게도 그날 설교 주제가 성적인 문제를 다룬 것이라고 한다. 그런데 일주일 만에 그 목사님이 그 문제로 무너지는 것을 보고 큰 충격을 받았다는 것이다.

그럴 수 있는 것이 인간이다. 나는 그 미국의 목사님이 누구인지 모르지만 그 사람이 유독 위선자여서 그랬다고는 생각하지 않는다. 성적인 문제에 대해 설교하고 나서 잠깐 방심했을 때 넘어질 수 있는 것이 연약한 우리 인간이기 때문이다. 또 우리가 아주 잠깐 방심하는 틈을 놓치지 않고 집중적으로 공격하여 쓰러뜨리려는 것이 사탄이다. 그래서 나는 항상 두려운 마음으로 이 말씀을 마음에 새긴다.

> 그런즉 선 줄로 생각하는 자는 넘어질까 조심하라 고전 10:12

내가 마음으로 가장 두려워하는 것이 무엇인지 아는가? 교회나 목회자들의 불미스러운 사건이 기사로 나올 때마다 항상 내 마음에 독백하는 것이 있다.

"그 다음은 네 차례야!"

조심하지 않으면 나도 똑같은 실족의 자리에 빠질 수 있다는 하나님이 주시는 경고이다. 누군가의 죄에 대한 기사를 볼 때, 불미스러운 사건이 일어날 때 우리는 누군가를 비난하고 정죄하기에 앞서 하나님의 경고를 들어야 한다. 언제 내 차례가 될지 모른다는 두려움이 엄습할 때 우리는 섣불리 남을 비판할 엄두가 나지 않는다. 누가 누구를 비판하겠는가? 그래서 베드로전서 5장 8절은 "근신하라 깨어라 너희 대적 마귀가 우는 사자같이 두루 다니며 삼킬 자를 찾나니"라고 준엄하게 경고한다.

새벽예배로, 특별예배로 은혜를 충만히 받은 직후에 사탄이 우는 사자와 같이 두루 다니며 삼킬 자를 찾고 있어서 더 많은 시험이 있고 더 많이 넘어질 수 있다는 사실을 알아야 한다. 그때 더욱 근신하여 깨어 있어야 한다. 그러면 어떻게 하는 것이 근신하며 깨어 있는 것인가?

> 만물의 마지막이 가까이 왔으니 그러므로 너희는 정신을 차리고 근신하여 기도하라 벧전 4:7

우리는 기도함으로 깨어 있어야 한다. 기도의 불길을 꺼뜨리지 말고 계속 이어가야 한다. 새벽예배에서 수요예배로, 금요기도회로, 주일예배로, 개인의 삶의 예배로, 개인적으로 또 공동체적으로 기도의 불을 계속해서 밝혀야 한다.

성령충만의 능력

그런가 하면 내가 두 번째로 놀란 부분이 본문 말씀에 또 나오는데, 다음 말씀을 보자.

> 여호와의 영이 기드온에게 임하시니 기드온이 나팔을 불매 아비에셀이 그의 뒤를 따라 부름을 받으니라 삿 6:34

이 말씀에 나오는 아비에셀 사람들은 기드온의 고향 사람들을 말한다. 이 사람들이 누군가? 기드온이 우상을 없앤 것에 격분하면서 그를 죽이려고 했던 자들이 아닌가? 그렇게 타락하고 변질된 사람들이었는데, 지금은 완전히 다른 사람들이 되어 미디안 연합 세력의 공격을 막아내기 위해 백성을 소집하는 기드온의 나팔 소리에 가장 먼저 앞장서서 반응을 보이고 있다.

이 두 극단적인 모습을 보면서 본문을 묵상하는 가운데 중요한 영적인 진리 두 가지를 정리해보았다.

첫째로 발견되는 영적인 진리는 성령충만이 주는 능력의 중요성이다. 기드온의 고향 사람들이 어떻게 이렇게 극단적으로 변할 수 있었는가?

기드온의 능력으로는 그렇게 타락한 사람들을 변화시킬 재간이 없다. 그러나 성령의 능력이 그에게 임하자 사람을 변화시키는 능력이 그에게서 나왔다. 이것이 성령의 능력이다.

신약에서 '성령의 능력'을 표현할 때 주로 사용되는 헬라어 단어는 '두나미스'이다. 큰 파괴력을 가진 다이너마이트의 어원이 바로 두나미스라는 사실을 많은 사람들이 알고 있을 것이다. 성령의 능력을 말할 때 바로 이 '두나미스'가 쓰이는 것이다.

우리 심령을 변화시킬 수 있는 능력은 오직 성령의 능력뿐이다. 그토록 강퍅했던 아비에셀 사람들을 변화시킨 능력 역시 다이너마이트와 같은 폭발력을 가진 성령의 능력, 곧 두나미스였다.

나는 종종 오늘날 한국 사회와 한국교회의 모습을 보면서 이제는 사람이 변화시키려고 애쓰고 노력해서 될 일이 아니라는 생각이 든다. 우리가 조금 더 도덕적으로 살자, 이웃을 생각하자, 투명하게 운영하자 하면서 복지재단을 만들고 감사기관을 강화한다고 해서 회복될 수 있는 단계가 아니란 말이다.

그래서 나는 지금이 기회라고 생각한다. 극으로 치닫는 아비에셀 사람들과 같은 오늘날의 현실을 보면서 "하나님, 성령의 능력이 필요합니다. 두나미스가 필요합니다"라고 구할 기회이다. 그래서 아무도 회복이 안 된다고 했던 한국교회가 다시 한 번 불같이 일어날 수 있는 절호의 기회인 것이다.

기드온의 능력으로는 할 수 없었지만 하나님께서 그에게 성령의 두루마기를 입혀주시자 하나님의 능력을 입은 하나님의 사람이 되었다. '성령'을 원어로 살펴보면 '옷을 입혀주시다'란 뜻이 있다. 경찰이 사복 차림으로 다닐 때는 아무런 능력이나 권위가 없다. 그러나 경찰 제복을 입고 나가면 경찰로서의 권위가 입혀진다. 그래서 제복이 중요한 것이다.

기드온도 포도주 틀 안에서 몰래 밀 타작이나 할 때에는 아무런 능력도, 권위도 없었지만 그에게 성령의 제복이 입혀지자 그때부터는 그에게서 하나님의 사람으로서의 권위가 살아났다. 사람이 따르기 시작했다. 사람들이 그의 권위에 순복하기 시작한 것이다.

나는 목회 말고는 아무것도 할 수 있는 게 없는 사람이다. 내가 평일에 티셔츠 하나 입고 슈퍼에라도 가면 나는 영락없이 뭔가 모자란 사람이다. 어리바리하고 돈 계산도 잘 못한다. 계산대에서 돈을 주고받다가 난감할 때가 한두 번이 아니다. 할 수 있는 것이 아무것도 없다.

그런데 양복 입고 말씀 전하러 강대상에 서면 완전히 딴 사람이다. 내가 무슨 재간으로 새벽부터 몇천 명씩 사람들을 끌어 모을 수 있겠는가? 그리고 어느 누가 이 새벽에 나처럼 모자란 사람의 이야기를 들으러 잠도 안 자고 모여들겠는가? 그러므로 이것은 하나님이 하시는 일이고, 나와는 아무 상관없는 영적인 영역의 일이라고밖에 설명할 수 없다. 그리고 그 일에 수종들 수 있는 것도 나의 힘이 아니요, 나의 리더십이 아니다. 성령님의 능력으로 제복을 입혀주셨기 때문이다.

먼저 성령의 능력으로 옷 입으라

가정의 가장들에게 기드온에게 입혀주신 성령의 제복이 입혀지기 바란다. 그 능력의 제복을 입지 못하면 아버지가 하는 말이 세상에서 제일 쓸데없는 잔소리가 된다. 청소년 사역을 하면서 수많은 청소년에게 영향력을 행사하던 내가 제복을 벗고 집에 들어가 똑같은 말을 우리 아이들에게 하면 "아빠의 지루한 잔소리가 또 시작되었군요" 하고는 듣지도 않는다. 방금까지 수천 명의 아이들을 감동시켰던 이야기가 왜 우리 아이들에게는 통하지 않는가? 그것은 그 문제가 내 입술의 능력과 상관없이 성령님이 입혀주시는 능력의 제복에 달려 있기 때문이다.

가정의 어머니들의 입술 위에 성령의 제복이 입혀지기를 바란다. 그럴 때 잔소리를 하지 않아도 기드온의 나팔 소리가 울릴 때 그 앞에 나왔던 아비에셀 족속처럼 부모님 말씀에 순종하는 아이들이 될 수 있다. 그러고 보면 청소년기의 아이들은 변화되기 전의 아비에셀과 같은 존재이다. 얼마나 강퍅하고 부모 알기를 우습게 아는지 모른다.

그러나 그런 아이들에게 변화가 일어나면 정말 놀라운 일이 일어난다. 그러기 위해서는 부모가 먼저 변화되어야 한다. 기드온이 먼저 변화했는가, 아비에셀 사람들이 먼저 변화했는가? 기드온이 먼저 변화하지 않았는가? 마찬가지로 우리가 먼저 변하면 오늘날 하나님을 대적하며 조롱하는 수많은 무리가 변화하는 역사가 일어날 줄 믿는다.

성령의 권능을 구하라

우리가 하나님께 구해야 할 것은 '두나미스'이다. 예수님이 공생애를 시작하시면서 가장 먼저 덧입으셨던 것 역시 성령의 제복이었다.

> 예수께서 성령의 충만함을 입어 요단강에서 돌아오사 광야에
> 서 사십 일 동안 성령에게 이끌리시며 눅 4:1

예수님은 공생애를 시작하시면서 성령의 충만함을 입는 것과 더불어 마귀의 세 가지 시험을 다 물리치셨는데, 그 다음에 이런 내용이 나온다.

> 예수께서 성령의 능력으로 갈릴리에 돌아가시니 그 소문이 사
> 방에 퍼졌고 눅 4:14

그런데 오늘날 성령의 제복을 벗은 상태로 목회하는 목회자들이 생각보다 많다. 제복을 벗고 리더 노릇을 하겠다고 맨땅에 헤딩하는 교회 지도자들이 많다. 우리에게는 지금 성령의 능력이 필요하다. 성령의 바람이 이 땅 위에 불어와 모든 영적인 지도자들이, 모든 그리스도인들이 성령의 제복을 입은 능력 있는 하나님의 사람이 되기를 바란다.

한 사람이 중요하다

두 번째로 발견되는 진리는 변화된 지도자 한 사람의 중요성이다. 옛날 같으면 미디안 연합군의 침공 앞에서 부들부들 떨고 있었을 기드온이 아닌가? 그런 그가 하나님의 부름에 순종하여 무기력한 자리

에서 떨치고 일어났을 때, 하나님께서 그에게 성령의 제복을 입혀주시어 그가 하나님의 사람으로 변화되었다. 기드온 한 사람의 변화, 이것이 나라와 민족을 살리는 불씨가 되었다.

과거 사랑의교회에서 청소년 사역을 할 때, 옥한흠 목사님을 뵈면서 한 사람의 중요성에 대해 자주 생각했다. 옥한흠 목사님 한 사람으로 인해 사랑의교회가 한국 기독교에 얼마나 선한 영향력을 많이 끼쳤는지 모른다. 언젠가 사랑의교회를 오래 섬긴 한 집사님으로부터 옥한흠 목사님에 대한 일화를 하나 듣게 되었다.

옥한흠 목사님은 원래 해군사관학교에 진학하려고 했다고 한다. 그런데 그곳에 떨어져 일반 대학으로 진학했다가 소명(召命)을 받아 신학교로 가게 되었다고 한다. 그 이야기를 들으면서 나는 속으로 '목사님이 해군사관학교에 떨어진 것이 천만다행이지, 합격해서 해군 장교가 되었다면 어떻게 됐겠는가?' 하는 생각을 했다. 그 한 사람이 없다는 것이 얼마나 큰 손실인지 모른다.

내가 청소년 사역을 할 때 날마다 간구하던 기도제목이 있다.

"하나님, 제가 저 아이들에게 선한 영향력을 끼치는 지도자가 되게 해주세요. 저 아이들에게 못난 모습, 악한 모습, 추한 모습 보이지 않는 목사가 되게 해주세요. 제가 이 시대 청소년들의 눈물을 닦아줄 수 있는 그런 영향력 있는 사람이 되게 해주세요."

이 기도는 지금도 계속되고 있다. 예레미야서 5장 1절을 보면 이런 말씀이 나온다.

> 너희는 예루살렘 거리로 빨리 다니며 그 넓은 거리에서 찾아보고 알라 너희가 만일 정의를 행하며 진리를 구하는 자를 한 사람이라도 찾으면 내가 이 성읍을 용서하리라 렘 5:1

그 한 사람, 하나님께서 목마르게 찾고 계시는 그 한 사람이 우리가 되기를 원한다. 우리 한 사람이 각 가정의 든든한 울타리가 되고, 직장의 울타리가 되고, 교회의 울타리가 되고, 나아가 사회의 울타리가 될 수 있기를 바란다. 우리 모두 기드온과 같은 그 '한 사람'이 되어야 한다. 기드온 한 사람으로 말미암아 강퍅한 수많은 사람들의 심령이 변화되었던 것처럼 우리로 인하여 우리 주변의 영혼들이 변화되는 역사가 일어나야 한다. 우리가 그렇게 쓰임 받을 수 있다면 그처럼 영광스러운 일이 어디 있겠는가?

이제 이 장(章)을 마치면서 나는 당신에게 하나님의 거룩한 꿈을 심어주고 싶다. 당신이 성령의 제복을 입고 그 능력으로 무장하여 변화를 일으키는 변화된 그 한 사람이 되기를 바란다. 바로 당신이 이 시대와 민족을 살리는 든든한 울타리가 되기를 간절히 바라며 하나님의 은혜를 구한다.

여룹바알이라 하는 기드온과 그를 따르는 모든 백성이 일찍이 일어나 하롯 샘 곁에 진을 쳤고 미디안의 진영은 그들의 북쪽이요 모레 산 앞 골짜기에 있었더라 여호와께서 기드온에게 이르시되 너를 따르는 백성이 너무 많은즉 내가 그들의 손에 미디안 사람을 넘겨주지 아니하리니 이는 이스라엘이 나를 거슬러 스스로 자랑하기를 내 손이 나를 구원하였다 할까 함이니라 삿 7:1,2

CHAPTER 07

두려움을 떨치는
영적 시스템을 작동시켜라

사사기 7장 1,2절에서 이스라엘 백성과 미디안 군대는 일전을 앞두고 서로 대치하고 있는 상태이다. 그런데 여기에서 이스라엘의 지도자 기드온을 묘사하는 대목이 이채롭다.

> 여룹바알이라 하는 기드온과 그를 따르는 모든 백성이 일찍이
> 일어나 하롯 샘 곁에 진을 쳤고 삿7:1

성경은 기드온을 "여룹바알이라 하는 기드온"이라 설명하고 있다. 어떤 의미에서 사사기 7장은 기드온에 관한 기사 가운데 하이라이트에

해당한다. 그렇다면 성경 기자는 왜 이렇게 중요한 때에 그를 그냥 '기드온'이라 기록하지 않고 "여룹바알이라 하는 기드온"이라 언급한 것일까?

제2의 이름

먼저 기드온에게 언제 '여룹바알'이란 별명이 붙여진 것인지 알아보자.

> 그날에 기드온을 여룹바알이라 불렀으니 이는 그가 바알의 제단을 파괴하였으므로 바알이 그와 더불어 다툴 것이라 함이었더라 삿 6:32

이 성경구절을 통해 알 수 있듯이 기드온에게 붙여진 '여룹바알'이라는 별칭은 그가 바알의 제단을 헐고도 무사했을 뿐 아니라 그 일로 인해 바알의 무력함을 사람들에게 알렸음을 기념한 것이다.

나는 기드온처럼 우리 각자에게도 두 개의 이름이 있다고 생각한다. 하나는 우리의 의도와 상관없이 우리의 부모님이 지어주신 이름이다. 내가 '이찬수'로 살아가는 것은 내가 원해서가 아니라 부모님께서 그렇게 지어주셨기 때문에 '이찬수'로 불리며 사는 것이다. 그런데 또 다른 이름은 누군가가 우리의 삶에 개입하여 만들어준 이름이 아니라 우리 스스로가 만들어가는 이름이다. 기드온에게 '기드온'이라는 이름이 그의 의도와 상관없이 주어진 이름이라면, '여룹바알'은 자기 스스로가 만든 이름인 것이다.

이처럼 제2의 이름은 자신이 쌓아온 인격과 삶의 발자취에 따라 만들어지는 것이다. 내가 지금 스스로 만들어가고 있는 이름은 무엇인지 곰곰이 생각해보자.

지금 이스라엘 백성들은 강대한 미디안과의 일전을 앞두고 두렵고 떨리는 가운데 있다. 이때에 자신들을 이끄는 지도자가 바알의 제단을 파괴한 것을 기념하는 '여룹바알'이라는 호칭을 가지고 있다는 사실이 그들에게 얼마나 의지가 되고 위로가 되었겠는가?

우리도 우리의 후손들에 의해 여룹바알이라고 하는 명예로운 이름이 붙여지는 삶을 살게 되기를 바란다. 또한 그것이 사사기 7장을 보며 내가 마음속으로 다짐하는 메시지기도 하다.

하나님의 기준

또한 우리는 사사기 7장 1,2절 말씀을 통해 하나님의 두 가지 성품을 발견할 수 있다.

첫 번째 하나님의 성품은, 하나님은 숫자로 일하시는 분이 아니시라는 것이다.

> 여호와께서 기드온에게 이르시되 너를 따르는 백성이 너무 많은즉 내가 그들의 손에 미디안 사람을 넘겨주지 아니하리니 삿7:2

하나님께서는 지금 우리의 이성으로는 도저히 납득할 수 없는 말씀을 하고 계신다.

이스라엘 백성이 상대해야 하는 미디안 군대의 수는 13만 5천명이었다(삿 8:10 참조). 그에 반해 이스라엘 군대는 그의 3분의 1도 안 되는 3만 2천 명에 불과했다. 그런데 하나님께서는 지금 기드온에게 이스라엘 군대의 수가 많으니 줄이라고 명령하고 계신다.

이 구절을 보며 다시 한 번 깨닫는 것은, 피조물인 우리는 절대자 되시는 하나님에 대해서 완전히 알 수도, 이해할 수도 없다는 사실이다.

오늘날 우리의 비극이 무엇인지 아는가? 현대의 매스컴은 전부 피조물인 우리의 기준으로 교회를 평가한다. 교회가 복지시설의 운영 개수나 구제 금액에 따라 평가 받고 있는 것이 우리의 현주소이다.

"이 교회는 가난한 사람들을 잘 도와주는 것을 보니 좋은 교회가 틀림없어. 그럼, 교회라면 당연히 그래야지."

그런데 과연 하나님도 그렇게 생각하실까? 교회가 사회봉사에 힘쓰는 것이 잘못된 일이라고 말하는 게 아니다. 당연히 교회는 주변의 이웃들에게로 눈을 돌려야 한다. 사람이 만든 눈에 보이는 잣대로만 교회를 평가하는 것이 위험하다는 사실을 말하는 것이다. 과거 한 코미디 프로그램이 우리에게 주던 교훈이 있다.

"그건 네 생각이고."

오늘날 우리의 슬픔이 그것이다. 피조물인 우리의 기준으로 하나님을 재단하는 것이다. 구색 잘 갖추면 좋은 교회인 것처럼 착각하지만,

하나님나라에 가보면 그분의 우선순위에 의해 순서가 다 뒤바뀌어 있을 수도 있다.

하나님의 기준에 '수'(數)는 들어가지 않는다. 하나님은 오합지졸 같은 13만 5천 명보다는 잘 준비된 300명과 일하기 원하는 분이시다. 이런 맥락에서 본다면 오늘날 우리는 이 사실을 몰라 쓸데없는 데 에너지를 낭비하고 쓸데없는 일로 우월감을 느끼거나 열등감에 빠지는 어처구니없는 일을 경험한다.

삼허 현상

옥한흠 목사님의 《평신도를 깨운다》라는 책을 보면 '삼허(三虛) 현상'이라는 것이 나온다. 이 삼허 현상은 허수(虛數), 허세(虛勢), 허상(虛像)을 의미하는데, 옥 목사님은 오늘날 한국교회가 가지고 있는 아픈 자아상을 이 세 단어로 표현했다.

허수 현상은 한마디로 교회가 통계를 허위로 부풀리는 것을 의미한다. 한국에 있는 모든 교회의 출석교인 수를 합하면 우리나라 전체 인구보다 많다는 말을 들어봤을 것이다. 너무나 부끄러운 이야기가 아닐 수 없다.

이런 현상의 원인 중 하나로 한국교회가 양적인 성장에 치중한 점을 들 수 있다. 많은 성도가 모이는 것이 성공한 목회라고 생각하다 보니 이런 현상이 일어난 것이다. 한국교회가 가지고 있는 물량주의로 인한 과시욕 때문에 가장 중요한 정직성을 잃어버렸다는 비판이 쇄도

하고 있다.

왜 이런 일이 일어나는 것일까? 하나님께서는 있는 사람도 많다고 줄이라고 하시는데, 우리는 왜 수를 늘리려고 애쓰다 못해 정직성을 잃어버리고 수를 부풀리는 것일까? 어떤 교회에서 담임목사가 주보에 교인 수를 부풀려 기재하는 것을 견디다 못한 부교역자가 양심선언을 했다고 한다. 왜 우리 가운데 이런 비극적인 일이 일어나고 있는 것일까?

삼허 현상 중 두 번째에 해당하는 허세 현상은, 교회에 출석하는 그리스도인의 수에 비해 사회 각 분야에 미치는 그들의 영향력이 미미한 것을 의미한다. 남산에 올라가서 아래를 내려다보면 붉은 십자가가 온 서울을 뒤덮고 있지만, 교회가 실제적으로 장악한 것은 상가 건물밖에 없다. 그 안에 영향력이 없기 때문이다. 영적인 파워가 없다.

세 번째 허상 현상은 현실적으로 한국교회 성도들이 신앙과 삶을 일치시키지 못한 탓에 불신자들과의 차별성 부각에 실패한 점을 의미한다. 세상에 나가보면 믿는 사람과 안 믿는 사람이 전혀 구분이 되지 않는 것이 현실이다. 물론 다 그런 것은 아니지만, 많은 그리스도인들이 세상 사람과 똑같이 술을 마시고 똑같이 거짓말을 한다.

우리가 한국교회를 살리기 위해 해야 할 일은 삼허 현상이 팽배한 현실에서 돌이켜 사람의 기준이 아닌 하나님의 기준, 즉 수나 크기로 일하지 않으시는 그분의 기준으로 돌아가는 것이다.

거품이 아닌 핵심을 지녀라

언젠가 집회 차 외국에 나갔는데, 평소 알고 지내던 한 자매가 그곳에서 재혼을 했다는 소식을 듣고 기쁜 마음으로 그 분을 만나러 갔다. 두 번째 결혼인 만큼 꼭 좋은 배우자를 만났으면 하는 마음이었다. 공항에 도착하니 남편과 함께 마중을 나왔는데, 타고 온 그 분의 차가 소형차였다. 그 차를 보는데 "됐다" 하며 안심이 되었다. 그곳에서 큰 사업을 하는 분이라고 들었는데 소형차를 타고 오는 것을 보며 '허세 부리는 사람은 아니구나'라는 생각이 들어 오히려 안심이 된 것이다.

그런데 이분이 차를 타고 가는 내내 "목사님, 죄송합니다. 이렇게 작은 차로 모셔서…"라고 말하며 민망해하는 것이었다. 한 번만 이야기했으면 그러려니 했을 텐데, 한 10분 있다가 같은 이야기를 또 하고 또 했다. 이것이 숫자와 크기로 평가받고 평가하는 한국 사회의 현실인 것 같아 왠지 씁쓸한 기분이 들었다.

그러나 하나님은 숫자나 크기로 일하시는 분이 아니다. 하나님은 작은 일에 충성하는 것을 무척이나 귀하게 여기시는 분이다. 그런데 정작 우리의 주인 되시는 하나님께서는 우리가 충성하는 그 작은 일에 만족하시는데, 우리가 계속 "하나님, 죄송합니다. 이렇게 작은 일만 해서 죄송합니다"라고 말한다면 그분의 마음이 어떠시겠는가?

목회의 경우를 예로 들어보자. 수만 명 모이는 큰 교회의 목회를 해도 하나님 보시기에 작은 인간이 있을 수 있고, 성도 열 명을 모아놓고 목회해도 하나님나라의 기드온과 같은 용사가 있을 것이다. 이것은 목회자뿐만 아니라 성도들도 마찬가지이다. 현재 자신이 이 삼허(三虛) 현상에 빠져 있지는 않는지 되돌아보기 바란다.

남들에게 과시하기를 좋아하는 사람 중에는 그 내면이 피폐한 사람이 많다. 실제로 가진 것이 없기 때문에 부풀려서 보여주고 싶은 것이다. 그것이 허수요, 허세요, 허상이다. 우리는 하나님 앞에 3만 2천이라는 거품을 다 걷어내고 '300'이라는 핵심을 가지고 나아가야 한다.

두려워 떠는 자는 '탈락'

사사기 7장 말씀을 통해 알 수 있는 하나님의 두 번째 성품은, 하나님은 현실의 벽에 두려워 떠는 사람과는 일하기 원하지 않으신다는 것이다.

하나님은 3만 2천 명을 300명으로 줄이는 과정에서 몇 가지 검증 절차를 밟으신다. 그 첫 번째 탈락 기준은 무엇인가?

> 이제 너는 백성의 귀에 외쳐 이르기를 누구든지 두려워 떠는 자는 길르앗 산을 떠나 돌아가라 하라 하시니 이에 돌아간 백성이 이만 이천 명이요 남은 자가 만 명이었더라 삿 7:3

하나님의 탈락 기준은 '두려움'이다. 그랬더니 3만 2천 명 중에 3분의 2가 탈락했다. 이런 하나님의 기준은 우리에게도 적용된다. 하나님은 우리가 우리를 짓누르는 세상의 무게 앞에 두려워 떠는 것을 원하지 않으신다. 그분은 우리가 삶의 현장인 가정과 직장에서 하나님의 자녀답게 당당한 모습으로 살아가기를 원하신다.

그런데 여기서 한번 생각해보자. 이 상황에서 두렵지 않은 사람이 누가 있겠는가?

> 미디안과 아말렉과 동방의 모든 사람들이 골짜기에 누웠는데 메뚜기의 많은 수와 같고 그들의 낙타의 수가 많아 해변의 모래가 많음 같은지라 삿 7:12

자신들은 현재 3만 2천 명밖에 안 되는데, 그에 반해 적군의 수는 해변의 모래처럼 많다. 그러니 두렵고 떨리는 것은 당연한 일이다. 그러나 우리가 분명히 알아야 할 것은 하나님께서는 우리에게 다음과 같이 말씀하고 계시다는 사실이다.

> 네가 나가서 적군과 싸우려 할 때에 말과 병거와 백성이 너보다 많음을 볼지라도 그들을 두려워하지 말라 애굽 땅에서 너를 인도하여 내신 네 하나님 여호와께서 너와 함께하시느니라 신 20:1

영적 시스템의 작동

하나님께서 이스라엘 백성을 향하여 "두려워 떠는 자는 길르앗 산을 떠나 돌아가라"라고 말씀하실 때, 돌아간 2만 2천 명의 백성과 남은 1만 명의 백성의 차이는 무엇일까? 돌아간 백성들이 남은 이들에 비해 특별히 겁이 많거나 소심한 성격이었기 때문일까?

그것은 단지 일반적으로 두려움이 많은 사람과 적은 사람의 차이가 아니다. 이들의 차이는 두려운 상황 가운데서 영적(靈的) 시스템이 작동되느냐, 되지 않느냐이다.

두려운 상황에 직면했을 때 영적 시스템이 작동되는 사람이 있다. 그런 사람은 현실의 두려움이 밀려올 때마다 즉각적으로 과거 하나님께서 자신에게 어떤 은혜를 주셨는지를 기억하는 사람이다. 그들은 고비의 순간마다 하나님께서 자신과 함께하셨음을 기억한다. 그리고 그 기억의 힘으로 현실의 두려움과 맞서 싸울 용기를 얻는다.

반면에 두 번째 사람은 두려운 상황에 직면했을 때 영적 시스템이 작동되지 않는 사람이다. 그들은 하나님께서 부어주신 은혜는 까맣게 잊어버리고 두려워 떨며 현실에 맞설 것을 포기한다.

이스라엘 백성이 가나안 입성을 앞두고 가데스 바네아라는 광야에 이르러 열두 지파에서 한 명씩을 차출해 가나안 땅에 정탐꾼으로 보냈다. 그런데 정탐꾼들이 돌아와 상황을 보고하는데, 의견이 두 가지로 극명하게 갈렸다. 먼저 그들 중 열 명은 자신들의 상황을 악평했다.

> 이스라엘 자손 앞에서 그 정탐한 땅을 악평하여 이르되 우리가 두루 다니며 정탐한 땅은 그 거주민을 삼키는 땅이요 거기서 본 모든 백성은 신장이 장대한 자들이며 거기서 네피림 후손인 아

> 낙 자손의 거인들을 보았나니 우리는 스스로 보기에도 메뚜기
> 같으니 그들이 보기에도 그와 같았을 것이니라 민 13:32,33

그들은 자신들에 비해 적들이 너무 강하여 전쟁에서 절대 승리할 수 없다고 말한다. 반면, 동일한 상황을 보고 온 여호수아와 갈렙은 어떻게 말했는가?

> 여호와를 거역하지는 말라 또 그 땅 백성을 두려워하지 말라 그
> 들은 우리의 먹이라 그들의 보호자는 그들에게서 떠났고 여호
> 와는 우리와 함께하시느니라 그들을 두려워하지 말라 하나
>
> 민 14:9

그들은 여호와 하나님이 우리와 함께하시며 우리의 보호자 되시므로 우리는 적들을 능히 이길 수 있다고 말한다.

이 두 부류의 사람들이 각각 나뉘어서 다른 데를 보고 온 것이 아니다. 같은 곳을 보고 왔다. 그런데 이렇게 의견이 나뉘는 것은 그들의 영적 시스템이 다르기 때문이다. 열 명의 영적 시스템은 적들의 장대함을 볼 때 놀라고, 무기를 볼 때 주눅이 드는 시스템으로 끝났다.

반면에 여호수아와 갈렙에게는 어떤 영적 시스템이 작동되었는가? 그들은 두려움이 몰려올 때 자신들에게 그 땅을 주시겠다고 약속하신 하나님을 기억했다. 그 약속의 말씀을 붙잡고 상황을 돌아보니 장대

한 적들도 자신들의 먹이처럼 여겨진 것이다. 적들의 보호자는 그들에게서 떠났지만 우리의 보호자 되시는 하나님은 우리와 함께하시기 때문이다.

지금 자신에게 작동되고 있는 영적 시스템이 여호수아와 갈렙처럼 하나님의 약속과 은혜를 기억하는 것인지 스스로를 되돌아보자.

상황이 아닌 주님을 바라볼 때

내가 처음 이민을 갔을 때 그곳 사람들이 마치 네피림 후손들처럼 느껴졌다. 내 능력으로는 이곳에서의 삶을 헤쳐나갈 수 없을 것 같았다. 날마다 악몽을 꾸고, 자살 충동을 느끼며, 무기력한 삶을 보냈다.

그러다 하나님의 크신 은혜를 경험했다. 은혜를 받은 이후에도 변한 것은 아무것도 없었다. 영어 한마디 늘지 않았고, 한 달에 265불씩 내던 낡고 초라한 아파트 곳곳을 점령한 바퀴벌레 한 마리 줄지 않았다. 변한 것이 있다면 그것은 상황이 아니라 상황을 바라보는 나의 눈이었다. 그러자 두려움이 사라지고 자신감이 생겼다. 그리고 그것이 오늘날 나를 있게 한 원동력이 되었다.

마태복음 14장을 보면, 예수님이 풍랑을 만나 두려워 떠는 제자들을 위해 가장 먼저 하신 일이 무엇인 줄 아는가?

> 예수께서 즉시 이르시되 안심하라 나니 두려워하지 말라
>
> 마 14:27

예수님은 먼저 바람을 멈추고 물결을 잠재우지 않으셨다. 즉, 제자들이 두려워하는 근원적인 문제를 해결하신 것이 아니었다. 예수님은 가장 먼저 "안심하라 나니 두려워하지 말라"라고 말씀하시며, 두려움의 문제를 거론하셨다. 이것이 무엇을 의미하는가? 이런 환경 속에서도 영적 시스템이 작동되기를 원하신 것이다.

> 그러므로 내가 나의 안수함으로 네 속에 있는 하나님의 은사를 다시 불 일 듯하게 하기 위하여 너로 생각하게 하노니 하나님이 우리에게 주신 것은 두려워하는 마음이 아니요 오직 능력과 사랑과 절제하는 마음이니 딤후 1:6,7

상황에 대한 두려움은 하나님이 주신 것이 아니다. 하나님은 우리에게 능력과 사랑과 절제를 주시는 분이다. 우리는 그런 하나님을 바라봐야 한다. 베드로가 주님을 바라봤을 때는 물 위를 걷는 기적을 경험했지만, 물 위라는 상황을 바라보자 물속으로 빠진 것을 기억하자.

우리에게 인생의 위기가 찾아올 때나 두려움이 몰려올 때도 하나님께서는 우리와 항상 함께 계신다. 우리는 이 사실을 마음속에 새기고 언제 어디서든지 하나님만을 바라보며 그분의 은혜를 기억하는 그리스도인이 되어야 한다.

여룹바알이라 하는 기드온과 그를 따르는 모든 백성이 일찍이 일어나 하롯 샘 곁에 진을 쳤고 미디안의 진영은 그들의 북쪽이요 모레 산 앞 골짜기에 있었더라 여호와께서 기드온에게 이르시되 너를 따르는 백성이 너무 많은즉 내가 그들의 손에 미디안 사람을 넘겨 주지 아니하리니 이는 이스라엘이 나를 거슬러 스스로 자랑하기를 내 손이 나를 구원하였다 할까 함이니라 이제 너는 백성의 귀에 외쳐 이르기를 누구든지 두려워 떠는 자는 길르앗 산을 떠나 돌아가라 하시니 이에 돌아간 백성이 이만 이천 명이요 남을 자가 만 명이었더라 삿 7:1-3

CHAPTER 08

하나님 없는 성공은 성공이 아니라 패망이다

앞 장에서 살펴보았듯이 하나님께서는 기드온에게 3만 2천 명이 많으니 그 수를 줄이라고 명하셨다. 그런데 이것은 일반적인 상식으로는 이해가 안 되는 말이다. 다시 강조하지만, 우리는 우리의 상식으로 하나님을 조명(照明)해서는 안 된다. 하나님은 창조주이시고 우리는 피조물에 불과하므로 그분이 하시는 일이 우리에게 다 이해되고 용납되어야 한다는 생각은 잘못이다.

그런 관점으로 성경을 보면, 하나님께서는 자신이 하시는 일을 우리에게 설명하거나 설득하려고 하지 않으신다. 창조주는 피조물에게 그럴 의무가 없다. 우리가 집에서 키우는 강아지한테 우리가 하는 모든 일을 다 설명할 수 없는 것처럼 성경은 우리에게 하나님이 하시는 모든 일을 해명하지 않는다.

창세기 1장 1절을 보라.

> 태초에 하나님이 천지를 창조하시니라 창 1:1

그것은 논증이나 변증, 설득이 아니다. 그저 하나님이 하신 일을 선포하고 있을 뿐이다.

그런데 사사기 7장 2절을 가만히 보면 특이한 점이 있다. 그것은 하나님께서 인간이 납득하기 어려운 일을 설명하고 계신다는 사실이다.

> 여호와께서 기드온에게 이르시되 너를 따르는 백성이 너무 많은즉 내가 그들의 손에 미디안 사람을 넘겨주지 아니하리니 이는 이스라엘이 나를 거슬러 스스로 자랑하기를 내 손이 나를 구원하였다 할까 함이니라 삿 7:2

하나님께서 백성의 수가 많은 것이 왜 문제가 된다고 설명하시는가? 이스라엘 백성의 수 3만 2천 명은 미디안 군대의 수 13만 5천 명을 무찌르기에 상당히 불리한 수이긴 하지만, 아예 불가능한 수는 아니다. 그렇기 때문에 이스라엘이 전쟁에서 승리했을 경우, 그들은 그 원인이 자신들의 능력 때문이라고 생각할 수도 있다.

'기드온의 전술이 정말 탁월했어. 3만 2천 명으로 4배에 달하는 적군을 무찌를 수 있었던 것은 우리가 용감하게 잘 싸웠기 때문이야.'

따라서 여기에서 내가 깨달은 하나님의 성품은, 하나님께서는 하나님의 사람들이 자신의 도움으로 성공하기를 원하신다는 사실이다.

미끄럼틀 위의 축복을 조심하라

하나님은 우리가 세상에서 성공하기를 원하신다. 그러나 그 성공이 하나님과의 관계 안에서 일어나기를 원하신다. 역사적으로 봐도 그렇고 현재 우리 주변에서 일어나는 일을 봐도 그렇다. 하나님의 도우심 없이도 성공할 수 있다. 하지만 그러한 성공은 반드시 미끄러지게 되어 있다. 결국 하나님 없이 성공한 그것 때문에 수치의 자리에 빠지게 될 것이다.

> 주께서 참으로 그들을 미끄러운 곳에 두시며 파멸에 던지시니 그들이 어찌하여 그리 갑자기 황폐되었는가 놀랄 정도로 그들은 전멸하였나이다 시 73:18,19

이 성경구절은 참 무서운 말씀이다. 다시 한 번 강조하지만, 하나님은 하나님의 사람이 자신의 도움 없이 성공하는 것을 싫어하신다. 그래서 그런 성공을 이룬 사람들은 그것이 언제 곤두박질칠지 모르는 미끄럼틀 위의 성공이라는 사실을 기억해야 한다.

내가 항상 두려운 것이 하나님의 은혜와 긍휼하심이 없는 목회를 하게 되는 것이다. 지금 분당우리교회의 부흥을 보고 사람들이 나를 치켜세울 때마다 내가 항상 마음속으로 다짐하는 것이 '은퇴할 때까지 초심을 잃지 않고 하나님의 도우심을 놓치지 않는 목사가 되자'이다. 사람들의 말에 속아 교만해져 하나님의 도우심을 잃어버리는 순간 어떻게 되는지를 너무나도 잘 알고 있기 때문이다. 이것은 오늘날 나뿐만 아니라 우리 모두에게 각인되어야 하는 메시지이다.

'하나님께서는 우리가 그분의 도우심으로 성공하기를 바라신다.'

두려움의 문제

앞에서 다룬 것처럼, 하나님께서는 어려운 현실을 두려워하는 사람과는 일하지 않으신다. 여기서의 두려움이란 겁이 많음을 의미하는 것이 아니라 하나님과의 관계의 문제이다.

그런데 사사기 7장 9,10절에서는 조금 다른 모습을 볼 수 있다.

> 그 밤에 여호와께서 기드온에게 이르시되 일어나 진영으로 내려가라 내가 그것을 네 손에 넘겨주었느니라 만일 네가 내려가기를 두려워하거든 네 부하 부라와 함께 그 진영으로 내려가서
>
> 삿 7:9,10

하나님께서 기드온에게 적의 진영에 내려가 적군을 살펴보라고 지

시하신 다음 두렵다면 부하 부라와 함께 내려가라고 말씀하신다. 그리고 기드온은 하나님의 말씀대로 자신의 부하를 데리고 진영 근처로 내려간다. 이것이 무엇을 의미하는가? 기드온이 지금 두려워하고 있다는 것이다.

그렇다면 하나님의 논리대로 기드온도 2만 2천 명과 함께 탈락해야 되는 것 아닌가? 그런데 하나님께서는 놀랍게도 두려움에 떠는 기드온을 탈락시키기는커녕 위로해주시고 대안을 마련해주며 보호하신다.

하나님께서는 단순히 위기의 상황 가운데서 떠느냐, 떨지 않느냐를 보시는 것이 아니라 그때에 하나님을 찾고 하나님의 도우심을 구하느냐, 그렇지 않느냐를 보시는 것이다. 자신의 두려움을 인정하고 하나님 앞으로 나아가느냐 나아가지 않느냐의 문제, 즉 하나님과의 관계적인 측면에서 이 두려움을 살펴보아야 한다는 의미이다.

하나님의 해석

유명한 양털 사건도 같은 맥락에서 살펴볼 수 있다. 사사기 6장을 살펴보자.

> 기드온이 하나님께 여쭈되 주께서 이미 말씀하심 같이 내 손으로 이스라엘을 구원하시려거든 보소서 내가 양털 한 뭉치를 타작마당에 두리니 만일 이슬이 양털에만 있고 주변 땅은 마르면 주께서 이미 말씀하심 같이 내 손으로 이스라엘을 구원하실 줄

을 내가 알겠나이다 하였더니 그대로 된지라 이튿날 기드온이 일찍이 일어나서 양털을 가져다가 그 양털에서 이슬을 짜니 물이 그릇에 가득하더라 기드온이 또 하나님께 여쭈되 주여 내게 노하지 마옵소서 내가 이번만 말하리이다 구하옵나니 내게 이번만 양털로 시험하게 하소서 원하건대 양털만 마르고 그 주변 땅에는 다 이슬이 있게 하옵소서 하였더니 삿 6:36-39

기드온의 행동 자체만 놓고 보면 이것은 불신앙일 수 있다. 어떻게 이런 식으로 하나님을 시험할 수 있는가? 그래서인지 어린 시절부터 최근까지 이 본문 말씀에 등장하는 기드온의 행동이 잘못됐다고 지적하는 설교를 몇 번 들었다. 그런데 나는 그런 지적에 동의가 안 된다. 왜냐하면 하나님께서 기드온을 믿음 없는 자라고 야단치지 않으시고 오히려 친절하게 기드온의 의심과 회의를 받아주셨기 때문이다. 그 미숙한 제안을 다 들어주신 것이다.

우리는 표면적으로 드러나는 행위보다 그 내면을 들여다보시는 하나님께서 그것을 어떻게 해석하시는지 살펴볼 필요가 있다. 평소 미디안 사람들을 피해서 곡식 하나도 제대로 털지 못했던 기드온이 그들과의 전쟁을 앞두고 얼마나 두려웠겠는가? 그에게는 하나님의 도우심 외에 다른 의지할 것이 없었다. 하나님께서는 전쟁을 앞두고 '아무리 두렵고 떨리더라도 하나님만을 온전히 의지하겠다'라는 기드온의 마음을 받으신 것이다. 따라서 그것을 용납해주시는 것이다. 그렇게 생각하니 기드온의 양털 시험 사건이 오히려 내 눈에는 긍정적으로 보이기 시작했다.

우리가 신앙생활을 할 때 그 사람의 신앙의 정도를 어떤 행동으로 판단하는 것은 위험한 일이다. 그 사람의 신앙을 결정하는 기준은 그가 하나님을 얼마나 의존하는가에 달려 있기 때문이다. 위기의 상황에서 얼마나 담대하게 행동하느냐보다 중요한 것은 하나님을 얼마나 의존하는가이다. 믿음의 핵심은 바로 이것이다.

무엇을 자랑하고 있는가?

이런 맥락에서 성경에서 말하는 교만은 한 가지이다. 하나님의 은혜 없이도 잘살 수 있다는 생각과 하나님의 도우심 없이도 성공할 수 있다는 자신감, 그것이 교만이며 불신앙이다. 또한 이런 교만은 하나님께서 가장 경계하시는 것이다.

사사기 7장 2절을 다시 한 번 보자.

> 여호와께서 기드온에게 이르시되 너를 따르는 백성이 너무 많은즉 내가 그들의 손에 미디안 사람을 넘겨주지 아니하리니 이는 이스라엘이 나를 거슬러 스스로 자랑하기를 내 손이 나를 구원하였다 할까 함이니라 삿 7:2

영적 교만은 내면의 문제이기 때문에 어떤 사람이 하나님을 의지하는지, 안 하는지를 우리가 알기는 어렵다. 예를 들어, 우리가 설교를 들을 때 그 내용이 설교자가 말씀을 깊이 묵상해 하나님께로부터 받은 것인지, 아니면 단순히 주석에 있는 대로 읽는 것인지 알기는 쉽지 않다.

그런데 그 사람이 지금 교만한지 그렇지 않은지를 가늠해볼 수 있는 잣대가 하나 있다. 그것은 그 사람이 지금 무엇을 자랑하느냐를 보는 것이다. 사사기 7장 2절에서 "스스로 자랑하기를"이 의미하는 것은 하나님을 의지하지 않는 태도를 말한다.

고린도전서 13장 4절은 사랑의 속성을 무엇으로 나타내고 있는가?

> 사랑은 자랑하지 아니하며 교만하지 아니하며 고전 13:4

여기에서 "자랑하지 아니하며" 다음에 바로 "교만하지 아니하며"가 이어지고 있다. 내가 무엇을 자랑하느냐 하는 것은 자신의 어떠한 점이 드러나기를 바라는가 하는 교만의 모습을 보여주는 것이다.

자신이 보유한 주식의 가격이 급등한 사람은 누구를 만나도 그 사실을 자랑하고 싶다. 또 자녀가 시험에서 좋은 점수를 받았거나 좋은 대학에 진학했다면 그 어머니는 만나는 사람마다 자식 자랑을 하고 싶어 한다.

마음속에 있는 것이 표현되는 게 자랑이라면, 내가 무엇을 자랑하느냐 하는 것은 자신의 영적 상태를 나타낸다. 따라서 사사기 7장 2절에서 말하는 "스스로 자랑하기를"이라는 표현은 영적인 문제를 의미하는 것이다. 나는 이것을 실제로 경험한다. 내가 영적으로 문제가 있을 때면 나도 모르게 다른 누군가에게 무엇인가를 자랑하고 싶어진다. 성도들이 격려 차원으로 해주는 칭찬에 대해 말하고 싶고, 분당우리교회의 성도 수가 점점 늘어나고 있다는 것을 알려주고 싶다.

그럴 때를 돌아보면 어김없이 말씀 안 보고, 묵상 안 하고, 기도 안 할 때이다. 하나님 앞에 나아가 묵상하고 하나님을 깊이 만나는 날에는 그런 헛된 자랑은 할 엄두가 나지 않는다.

지금 스스로에게 물어보기 바란다.

"나는 지금 무엇을 자랑하고 싶어 하는가?"

자신의 영성을 점검할 수 있는 많은 잣대 중 하나가 바로 이 질문이다. 자신이 하나님이 아닌 다른 무엇인가를 스스로 자랑하고자 할 때가 영적으로 교만한 상태라고 생각하면 된다. 그때에 우리는 하나님 앞에 나아가 간절히 기도해야 한다. 허탄한 자기 자랑은 다 사라지고 그렇게 되기까지 은혜 주신 하나님만 자랑하게 되면, 그것이 하나님 앞에서 드리는 겸손의 태도이다.

하나님의 도우심 없이 성공하면

사사기 7장 2,3절에서 발견되는 또 하나의 진리가 있다.

> 여호와께서 기드온에게 이르시되 너를 따르는 백성이 너무 많

> 은즉 내가 그들의 손에 미디안 사람을 넘겨주지 아니하리니 이
> 는 이스라엘이 나를 거슬러 스스로 자랑하기를 내 손이 나를 구
> 원하였다 할까 함이니라 이제 너는 백성의 귀에 외쳐 이르기를
> 누구든지 두려워 떠는 자는 길르앗 산을 떠나 돌아가라 하라 하
> 시니 이에 돌아간 백성이 이만 이천 명이요 남은 자가 만 명이
> 었더라 삿 7:2,3

하나님께서는 스스로 자랑하고 하나님의 도우심 없이 성공하기를 원하는 사람들을 걸러내기 위해 그 수를 줄이라고 명령하신다. 그런데 그 기준이 무엇인가? 최근 일주일 동안 자기 자랑 많이 한 사람을 추려내 돌려보내는 것이 아니라 두려워 떠는 자를 돌려보내셨다. 여기서 알 수 있는 사실은 하나님 없이 성공한 사람, 하나님 없이 잘된 사람은 그 내면 세계가 두려움으로 가득할 수밖에 없다는 것이다.

오늘날 우리가 아무리 물질적으로 부요하다고 해도 내면이 허하고 우리 안에 두려움이 있다면 자신의 영적인 문제를 점검해야 한다.

사울은 세상적으로는 성공했으나 그 내면에 가득한 두려움으로 불행했던 대표적인 인물이다. 사무엘상 15장 19절 말씀을 보자.

> 어찌하여 왕이 여호와의 목소리를 청종하지 아니하고 탈취하기
> 에만 급하여 여호와께서 악하게 여기시는 일을 행하였나이까
> 삼상 15:10

사울은 자신이 이끄는 전쟁마다 승리하자 그 내면에 교만이 싹트기 시작했다. 그리하여 하나님의 음성에 귀 기울이지 않고 하나님의 도우심 없이 자신의 힘만으로 일을 행하려 했다. 그러자 그에게 어떠한 일이 찾아왔는가?

> 여호와의 영이 사울에게서 떠나고 여호와께서 부리시는 악령이 그를 번뇌하게 한지라 삼상 16:14

여기서 나오는 '번뇌하다'라는 단어는 히브리 원어로 보면 '무섭다'는 기본 의미에서 '두려워하다'라는 의미가 파생하는 단어이다. 사람들이 보기에 사울은 전쟁마다 승리로 이끄는 대단한 왕이다. 그런데 그런 그가 지금 두려워하고 있다. 독재자 히틀러는 침실이 여덟 개였는데, 그중 어디에서 잠을 청할지는 그 외에 아무도 알지 못했다고 한다. 당시 최고 권력자인 그였지만 그 안에는 암살당할지도 모른다는 깊은 두려움이 있었던 것이다. 이런 내면의 두려움을 가지고 있는데 세계를 장악한들 무슨 소용이 있겠는가?

우리에게 중요한 것은 하나님과의 관계에서 오는 내적 평화이다. 오늘날 많은 현대인들을 괴롭히는 불면증의 원인 역시 하나님과의 관계에 있다. 지금 우리를 두렵게 만드는 것이 있다면, 그 실체에 대해 곰곰이 생각해보자. 본래 마음이 여리고 약해서일 수도 있겠지만, 혹시 영적인 문제는 아닌가? 우리는 바로 그것을 점검해야 한다.

'300'으로 다져지는 과정

이스라엘 백성이 미디안 군대와 싸워 이긴 300명이라는 백성의 수는 상식적으로 생각했을 때 13만 5천 명인 적군을 이길 확률이 단 1퍼센트도 없는 수이다. 백전백패의 수이다. 따라서 나는 이 '300'이라는 숫자를 상징적으로 마음에 담는다.

현재 어렵고 힘든 사람들이 있을 것이다. 하는 일마다 어긋나고 실패하는 것은 하나님께서 우리를 미워하시기 때문이 아니라 우리가 지금 연단 과정에 있기 때문이다. 지금 하나님께서는 우리 가운데 있는 3만 2천을 줄여나가는 수술을 하고 계신 것이다. 그분은 어디까지 줄이기를 원하시는가? 바로 '300'까지이다. 항상 참고 견디는 데는 고통이 따르게 되어 있다. 조금만 더 견디길 바란다. 이제 다 됐다. 1만, 5천, 700, 400을 지나 이제 '300'이 다가오고 있다. 하나님께서 우리 안의 교만 덩어리 3만 2천을 '300'으로 줄이는 과정에서의 아픔과 눈물이 아름다운 열매로 맺어질 날이 다가오고 있다.

나에게 있어 시카고에서 보낸 7년간의 세월은 3만 2천을 '300'으로 줄이는 고통의 과정이었다. 한국에서 나는 그야말로 교만덩어리였다. 나만 빼고 다른 사람들은 모두 정죄의 대상이었다. 나는 스물세 살 이전에 온 동네 목사님을 험담하고 다녔다. 대학 시절 민주화 운동이 들끓을 때, 교회가 이러면 안 된다고 모두 썩었다며 부르짖고 다녔다. 돌아보면 '그렇게 욕하고 다닐 거면 네가 한번 해봐라' 하는 마음으로 하나님께서 나를 목회의 길로 인도하신 것이 아닐까 생각할 정도였다.

그런데 이렇게 교만의 3만 2천으로 똘똘 뭉쳐진 내가 목회를 하면 어떻게 되겠는가? 따라서 하나님께서 나를 연단시키기 시작하셨다. 그런 나를 하나님께서는 미국으로 툭 떨어트려 보내시어 나의 모든 교만을 짓밟기 시작하셨다. 한 번은 한 달 내내 유대인 가게에서 눈 치우고 화장실 청소하는 일을 했는데, 정작 월급날이 되자 주인이 돈을 못 주겠다고 했다. 그 이유는 자기들의 기대만큼 내가 일을 잘하지 못했기 때문이라는 것이다. 그때 자존감이 밑바닥까지 떨어졌다.

하나님을 원망하고 또 원망했던 시기였다. 그런데 지금 되돌아보면 하나님께서는 내 안에 있는 3만 2천을 '300'으로 줄이시려고 참 많이 수고하셨구나 하는 생각을 하게 된다.

우리가 하나님 앞에서 지금 당하고 있는 고통은 저주의 결과가 아니다. '300'으로 다져지기 위한 과정이다. 지금 힘든 눈물의 골짜기를 지나가고 있는 분들에게 눈물로 권면한다. 조금만 더 참고 견디자. 이제 다 되어간다. 내가 경험해보니 하나님께 완전히 항복하고 두 손, 두 발 다 들며 납작 엎드릴 때, 내 영역 밖의 일이 일어나게 되는 것이다. 지금의 이 과정이 우리가 가지고 있는 3만 2천을 '300'으로 줄여나가는 하나님의 인도하심임을 믿기 바란다. 우리에게 필요한 것은 이 믿음을 가지고 그것을 선포하는 일이다.

그 밤에 여호와께서 기드온에게 이르시되 일어나 진영으로 내려가라 내가 그것을 네 손에 넘겨 주었느니라 만일 네가 내려가기를 두려워하거든 네 부하 부라와 함께 그 진영으로 내려가서 그들이 하는 말을 들으라 그 후에 네 손이 강하여져서 그 진영으로 내려가리라 하시니 기드온이 이에 그의 부하 부라와 함께 군대가 있는 진영 근처로 내려간즉 미디안과 아말렉과 동방의 모든 사람들이 골짜기에 누웠는데 메뚜기의 많은 수와 같고 그들의 낙타의 수가 많아 해변의 모래가 많음 같은지라 기드온이 그 곳에 이른즉 어떤 사람이 그의 친구에게 꿈을 말하여 이르기를 보라 내가 한 꿈을 꾸었는데 꿈에 보리떡 한 덩어리가 미디안 진영으로 굴러 들어와 한 장막에 이르러 그것을 쳐서 무너뜨려 위쪽으로 엎으니 그 장막이 쓰러지더라 그의 친구가 대답하여 이르되 이는 다른 것이 아니라 이스라엘 사람 요아스의 아들 기드온의 칼이라 하나님이 미디안과 그 모든 진영을 그의 손에 넘겨 주셨느니라 하더라 기드온이 그 꿈과 해몽하는 말을 듣고 경배하며 이스라엘 진영으로 돌아와 이르되 일어나라 여호와께서 미디안과 그 모든 진영을 너희 손에 넘겨 주셨느니라 하고 삿 7:9-15

CHAPTER 09

승리케 하신 하나님께 감격으로 예배하라

사사기 7장 15절에는 기드온이 미디안과의 일전을 코앞에 둔 상황에서 하나님께 예배하는 모습이 그려져 있다.

> 기드온이 그 꿈과 해몽하는 말을 듣고 경배하며 이스라엘 진영으로 돌아와 이르되 일어나라 여호와께서 미디안과 그 모든 진영을 너희 손에 넘겨주셨느니라 하고 삿 7:15

여기에서 '경배하다'라는 단어의 원어는 '엎드리다', '고개를 땅에 묻고 절하다'라는 뜻을 가지고 있다. 즉, 경배란 하나님 앞에서 자신을 낮추고 하나님께 경의를 표하는 것으로 다른 말로 표현하면 '예배'가 된다. 따라서 지금 기드온은 전쟁을 앞두고 먼저 하나님 앞에 엎드려 예배하고 있는 것이다.

이번 장(章)에서는 중요한 전쟁을 앞두고 예배하는 기드온의 모습을 통해서 우리가 하나님 앞에 진정한 예배자로서 어떤 마음과 어떤 자세로 서야 하는지를 살펴보자.

감격으로 예배하라

기드온은 지금 어떤 상황에서 예배하고 있는가?

> 만일 네가 내려가기를 두려워하거든 네 부하 부라와 함께 그 진영으로 내려가서 그들이 하는 말을 들으라 그 후에 네 손이 강하여져서 그 진영으로 내려가리라 하시니 삿 7:10,11

하나님께서는 큰 전쟁을 앞두고 두려워하는 기드온에게 부라라는 동역자를 붙여주시고, 그의 두려움을 품어주셨다. 이것이 기드온에게 얼마나 큰 은혜로 다가왔겠는가? 이미 적군 앞에서 두려워 떠는 2만 2천 명의 이스라엘 백성을 돌려보내신 하나님께서 자신의 두려움을 책망하지 않으시고 오히려 품어주시고 대안을 마련해주신 것 아닌가?

또 막상 현장에 가서 메뚜기 떼처럼 많은 적들의 실체를 보고 다시금 두려움에 휩싸여 있는 그를 하나님께서는 적들의 꿈과 해몽을 통해 안심시켜주셨다. 이런 하나님의 은혜에 그가 얼마나 감격했겠는가? 기드온은 이토록 세밀하고 섬세하게 자신을 이끌어주시고 간섭해주시는 하나님의 은혜에 감격하여 예배드릴 수밖에 없었다.

여기서 알 수 있는 진정한 예배의 모습은, 우리의 삶 속에서 경험한 은혜에 대한 감격을 담아서 하나님을 경배하는 것이다.

하나님을 감탄하라

오늘날 많은 한국교회에서 예배의 뜨거움이 사라진 것은 장소나 시설이 부족해서가 아니다. 왜 예배에 뜨거움이 없어진 걸까? 그것은 우리의 마음에 하나님에 대한 감격이 없기 때문이다. 분주한 일상 속에서 하나님을 잊은 채 자신의 힘으로 버티며 살다가 주일 겨우 교회에 나와 예배드리는데, 무슨 감격이 있겠는가? 감격 없이 교회에 나오기 때문에 예배의 뜨거움도 당연히 사라질 수밖에 없는 것이다.

A. W. 토저의 《예배인가, 쇼인가》를 보면 예배를 이루는 몇 가지 요소가 나오는데, 그중에 첫 번째로 거론되는 것이 바로 하나님에 대한 '감탄'이다. 이 감탄이 예배를 예배답게 만든다. 다음은 토저 박사의 말이다.

> "예배하지 않고 감탄하는 것은 가능하지만, 감탄 없이 예배하는 것은 불가능하다. 왜냐하면 예배는 하나님에 대한 감탄의 감정이 극대화되어 자연스럽게 행동으로 이어진 것이기 때문이다."

이처럼 예배는 우리의 삶 속에서 하나님에 대한 감격이 극대화되어 그것을 하나님께 올려드리는 것이다. 오늘날 우리에게 부족한 것이 바로 이 감탄이다. 그렇다면 왜 우리에게 하나님을 향한 감탄이 없는 것일까? 그것은 우리가 하나님을 찾고 그분을 의지하기보다 자신의 힘으로 살려고 하기 때문이다. 그러면 무슨 일이 벌어지는가? 어떤 일이 잘되면 하나님의 행하심과 은혜에 감탄하기보다는 자신의 능력에 감탄한다. 기드온이 하나님의 일하심에 대한 감격으로 예배드린 것과 달리 우리에게는 하나님에 대한 감격이 아니라 자기 자신에 대한 감격만 있는 것이다.

영국의 평론가이며 역사가인 토마스 칼라일(Thomas Carlyle)은 "예배는 초월적 경이이다. 예배는 말로 표현할 수 없는 무한한 경이이다"라고 말했다. 초월적 경이는 설교 속 예화를 듣고 감동하여 눈물을 흘리는 것을 의미하는 게 아니다. 그것은 하나님의 일하심을 목도하는 경이로움이다.

영안을 열라

이사야서 말씀을 보자.

> 웃시야 왕이 죽던 해에 내가 본즉 주께서 높이 들린 보좌에 앉으셨는데 그의 옷자락은 성전에 가득하였고 스랍들이 모시고 섰는데 각기 여섯 날개가 있어 그 둘로는 자기의 얼굴을 가리었

고 그 둘로는 자기의 발을 가리었고 그 둘로는 날며 서로 불러 이르되 거룩하다 거룩하다 거룩하다 만군의 여호와여 그의 영광이 온 땅에 충만하도다 하더라 사 6:1-3

이사야 선지자가 소명(召命)을 받는 장면이 그려지는 이사야서 6장은 "웃시야 왕이 죽던 해에"라는 말로 시작한다. 웃시야 왕은 정치적, 경제적으로 나라를 훌륭히 다스렸다. 그런데 그로 인해 교만이 들어와 말년에는 나병에 걸려 죽게 되는 비참한 최후를 맞이했다. 처음에는 잘나갔으나 마지막에는 무너지고 만 대표적인 인물이 바로 웃시야 왕이다.

이런 웃시야 왕이 죽음을 맞이한 불안정한 상황에서 이사야 선지자는 성전을 찾아갔는데, 그는 거기서 무엇을 목도했는가? 높이 들린 보좌에 앉으신 하나님의 모습이다. 이사야서 6장은 굉장히 묘한 대조를 보인다. 눈에 보이는 부패한 왕이 사라진 현장에 살아 계시고 영원하신 하나님이 보좌에 앉으신 광경이 펼쳐진 것이다.

이 장면을 묵상하는데 나도 모르게 가슴이 무척이나 뜨거워졌다. 오늘날 한국교회의 상황은 딱 이사야서의 시대 상황이다. 영적(靈的)으로 부패하기가 이루 말할 수 없다. 이사야서 1장 6절은 "발바닥에서 머리까지 성한 곳이 없이 상한 것과 터진 것과 새로 맞은 흔적뿐이거늘"이라고 말한다. 이것이 오늘날 한국교회의 모습이다. 발끝부터 머리끝까지 성한 데가 하나도 없다.

그러나 이사야 선지자가 타락한 웃시야 왕이 죽었을 때 그 답답한 현실 속에서 영안을 열어 바라보니 보좌에 앉으신 주님이 계셨듯이, 우리도 영안을 열어 높이 들리신 주님을 바라보아야 한다. 또한 주님으로 인해 감격한 이사야의 뜨거운 마음이 오늘날 우리에게도 동일하게 일어나기를 기도한다.

때때로 가정이나 회사에서 감당해야 할 현실의 짐이 너무 무겁게 느껴진다면 눈을 감아보라. 상황을 바라보는 육신의 눈을 감고 영의 눈을 열어 그 자리에 임재하신 하나님을 볼 수 있기를 바란다. 그럴 때 문제투성이라고 느꼈던 우리의 가정과 회사가 바로 하나님의 거룩한 땅, 거룩한 도성임을 깨닫게 될 것이다.

전쟁을 앞두고 기드온은 자신의 삶 속에 세밀하게 역사하시는 하나님의 손길을 체험했다. 영안을 열어 하나님의 일하심을 목도하자 더 이상 두려운 전쟁터가 아니라 하나님이 함께하시는 예배의 처소가 되었다. 우리 역시 영안을 열어 하나님의 임재와 하나님의 일하심을 목도할 때, 우리가 처한 곳이 우리의 예배의 처소가 된다. 세상은 여전히 혼돈과 타락의 늪에 빠져 있지만 영안을 열어 보좌에 앉으신 왕 되신 하나님을 볼 수 있다면, 그곳이 바로 거룩한 하나님의 성전임을 알 수 있게 될 것이며, 그것이 바로 예배이다.

예배드림이 기쁨이다

어머니는 내가 목사가 되기를 간절히 바라셨다. 아들 입상에서 어지간하면 어머니 말씀에 순종하고 싶었지만, 내 입장에서는 결코 그럴 수 없는 뚜렷한 이유가 있었다.

목사가 되면 눈만 뜨면 예배드리는 인생이 될 텐데, 그것은 내게 상상조차 하기 싫은 일이었기 때문이다. 어떻게 평생 그 지겨운 예배를 늘 가까이 하며 살 수 있단 말인가? 사실 청소년 시절을 돌이켜보면 일주일에 한 번 예배드리는 것도 싫고 힘들었다. 그런데 지금 목사가 되고 나니 제일 좋은 것이 무엇인지 아는가? 바로 마음껏 예배드릴 수 있는 것이다.

나는 종종 목사가 되기 싫어 몸부림치던 어린 시절을 떠올리곤 한다. 그리고 거기에는 예배에 대한 잘못된 선입견이 자리 잡고 있었음을 기억한다. 얼마나 안타까운 일인가? 그런데 정말 가슴 아픈 일은, 내 어린 시절의 예배에 대한 왜곡되고 잘못된 선입견이 지금 자라는 다음 세대 아이들에게도 그대로 전수되고 있다는 사실이다.

주일학교 현장에서 수고하는 교역자와 교사들은 이 문제를 가지고 씨름해야 한다. 어떻게 하면 저 아이들에게 예배의 기쁨을 전해줄 것인가를 놓고 고심해야 한다. 그리고 소원을 가지고 하나님께 기도해야 한다. 부르짖어야 한다. 이런 소원을 가지고 우리 아이들이 갓난아기일 때, 아이를 등에 업고 재울 때마다 부르던 찬양이 있다.

주께 와 엎드려 경배드립니다
주 계신 곳에 기쁨 가득

무엇과도 누구와도 바꿀 수 없네
예배드림이 기쁨 됩니다

〈주께 와 엎드려〉 중에서

어떤 날에는 이 찬양을 딱 한 번만 불러주면 아이가 금세 잠이 드는 날도 있지만, 때로는 열 번이고 스무 번을 불러줘도 좀처럼 잠이 들지 않던 날도 있었다. 아이가 잠에 들지 않아 이 찬양을 수없이 반복했지만, 그래도 나는 찬양곡을 바꿀 생각을 하지 않았다. 이 찬양만 반복하고 또 반복하며 불렀다.

내가 이처럼 집요하게 이 찬양을 우리 아이에게 자주 들려주었던 이유는 딱 한 가지였다. 아이에게 "예배드림이 기쁨 됩니다"라는 것을 가르치고 싶었기 때문이다.

아이들이 세상을 살아가다 보면 죄악의 흙탕물을 뒤집어쓸 때도 있고, 크나큰 좌절감에 사로잡힐 때도 있을 것이다. 자신도 모르게 세상에 젖어들어서 세상 사는 엿새 동안 단 한 번도 하나님을 생각하지 못하고 사는 날도 있을 것이고, 그러다 깊은 죄책감에 괴로워하는 날도 있을 것이다. 우리 어린 자녀들이 이런저런 일들로 우여곡절 많은 삶을 살게 되겠지만, 나는 확신한다. 그럴 때마다 우리 자녀들이 주님 앞에 나아와 예배드릴 때, 그 아픔이 치유되고 회복될 줄로 말이다.

내가 어떻게 이것을 확신하게 되었을까? 매 주일 예배 현장에서 예배의 능력을 확인할 수 있기 때문이다. 상상하기 어려운 아픔과 상처를 경험하고서 좌절 속에서 예배드리던 성도들이 바로 그 자리에서 치유함 받고 벌떡 일어나는 경우를 수없이 목도했다. 뿐만 아니라 예배야말로 살아 계신 하나님을 만나는 가장 강력한 통로가 된다는 사실도 수없이 목도했다.

예배를 통해 영안이 뜨이다

얼마 전에 있었던 분당우리교회 세례 간증을 통해 나눠진 한 자매의 간증을 통해서도 나는 이 '예배의 파워'를 다시 한 번 실감했다. 그 간증의 일부를 인용해본다.

> 저는 대학교에서 신학을 전공한 신학생입니다. 그렇다면 대부분의 사람들이 생각하듯, 누가 보아도 기독교인이어야 맞는 상황이었죠. 하지만 저는 기독교인이 아니었습니다. 특히 저희 집안은 외가는 천주교, 친가는 불교였습니다. 그런 제가 왜, 어떤 뜻을 품고 신학을 전공하게 되었는지는 지금도 설명할 수 없습니다. 다만 그때는 신학과에서 교직을 이수하면 사립학교 종교 선생님으로 취직할 수 있다는 사실이 저에게 가장 큰 유혹이었던 것 같습니다.
>
> 그러나 종교가 맞지 않는 신학교에서 4년을 지낸다는 것은 너무나 힘든 일이었습니다. 하기 싫은 공부를 억지로 하려니 학교가 숨 막히는 감옥 같았습니다. 학교 전공이 뭐냐는 질문에 저

는 대답하기를 꺼렸고, 혹시나 이야기하더라도 "하지만 저는 기독교인은 아니에요"라고 꼭 토를 달곤 했습니다.

학교 예배 시간에는 친구와 잡담을 일삼았고 학교 가는 길에 버스 안에서 보이는 한 교회의 간판을 보며 4년 내내 비웃었습니다. 그 간판에는 "왜 걱정하십니까? 기도할 수 있는데"라는 문구가 적혀 있었습니다. 저는 그 글귀를 보며 '역시 예수쟁이들이란 매달릴 곳이 기도밖에 없는가?'라는 생각을 했습니다.

그러다 지난 해 한 남자를 소개받게 되었습니다. 그는 제가 신학교를 졸업했다는 프로필만으로 저를 만나야겠다고 생각했다고 합니다. 당연히 기독교인일 것이라고 생각하고 말이죠. 하지만 애석하게도 저는 기독교인이 아니었고, 오히려 기독교인들을 비웃는 쪽에 가까웠습니다.

어찌 되었든 우리는 호감을 가지고 만남을 지속하였고, 모태신앙이었던 남자친구는 일요일에 교회에 함께 갈 것을 권유했습니다. 그렇게 남자친구를 따라서 저의 교회 생활이 시작되었습니다.

처음에는 데이트 삼아 교회에 다녔습니다. 그러다 차츰 저에게 예배가 기쁨으로 자리하게 되었습니다. 주일예배에 참석하는 것이 기뻤고 빨리 또 예배의 기쁨을 맛보고 싶어서 주중에는 수요예배에 참석했습니다. 지루하던 일주일이 생기가 가득한 한 주로 다가왔습니다. 그리고 소그룹 모임을 통해 제 입술로 "나의 구주 예수 그리스도를 믿습니다" 하는 고백을 했습니다. 제 입술에서 그 고백이 흘러나올 때 마음에 퍼지는 감사함이 있었고 알 수 없는 기쁨이 느껴졌습니다.

지금도 가끔씩 청년부 형제자매들이 제게 "갑자기 어떻게 믿게 되었어요?" 하고 물어봅니다. 그러면 저는 대답합니다.

"모르겠어요. 그냥 믿어졌어요."

이날 이 놀라운 간증이 선포되던 예배 시간에 참석한 많은 성도들이 눈물로 그 감격에 동참했던 기억이 아직도 선하다. 4년씩이나 하나님에 관한 이론적 지식과 신학을 배웠어도 여전히 떠지지 않고 들리지 않던 영적 눈과 귀였지만 예배 앞에서 무장해제 되어 열려질 수밖에 없었다는 이 놀라운 고백, 이것이 예배가 가지고 있는 강력한 파워인 것이다.

승리를 향해 일어나라

예배하는 기드온을 통해 알 수 있는 예배의 두 번째 자세는, 우리가 예배를 통해 받은 감격이 삶 속에서 승리에 대한 확신의 선포로 이어져야 한다는 것이다.

> 기드온이 그 꿈과 해몽하는 말을 듣고 경배하며 이스라엘 진영으로 돌아와 이르되 일어나라 여호와께서 미디안과 그 모든 진

> 영을 너희 손에 넘겨주셨느니라 삿 7:15

지금 기드온은 삶 속에서 주신 하나님의 은혜에 감격해 예배의 자리로 나아갔다. 그리고 전심으로 하나님께 예배드린 다음 그 뜨거운 가슴을 안고 다시 삶 속에서 그 감격을 선포했다. 예배와 삶이 밀접하게 연결되어 있음을 알 수 있다.

여기서 기드온이 말한 "일어나라"라는 말은 히브리어로 '쿰'이다. 예수님이 신약에서 회당장 야이로의 딸을 살리실 때 사용하신 단어도 바로 이 '쿰'이다.

> 그 아이의 손을 잡고 이르시되 달리다굼 하시니 막 5:41

회당장 야이로의 간청으로 그의 딸을 고치러 가시는데, 그 딸이 죽었다는 소식이 전해졌다. 그러나 야이로의 집에 도착한 예수님은 "이 아이가 죽은 것이 아니라 잔다"(막 5:39)라고 말씀하신다.

그러자 많은 사람들이 예수님을 비웃기 시작했다. 이미 숨을 쉬지 않는 아이에게 잔다고 말씀하시는 예수님을 이해할 수 없었던 것이다. 그런 상황에서 예수님이 방으로 들어가서 그 아이를 보며 외쳤던 말씀이 바로 "달리다굼"이다. 이것을 번역하면 "소녀야(달리다) 일어나라(쿰)"이다.

왜 예수님은 그 아이에게 그렇게 큰 소리로 "소녀야, 일어나라!"라고 외치셨던 것일까? 예수님이 그 아이를 살리고자 하셨다면 살짝만 건드려도 일어날 수 있었다. 그런데 예수님은 그 상황에서 큰 소리로 외치셨다. 나는 이것이 예수님의 말씀을 의심하고 비웃었던 주변 사람들을 향한 것이라고 생각한다. 사랑하는 딸이 죽어 절망에 휩싸여 있는 그 가족을 향한 선포라고 생각한다. 또한 낙심과 염려로 가득한 오늘날 우리를 향해 외치는 선포라고 생각한다.

세상을 향해 외쳐라

우리는 우리 자신에게 "달리다굼, 일어나라!"라고 외쳐야 한다. 또 이 선포가 자신에게만 머무르게 할 것이 아니라 주변 사람들을 향해 외쳐야 한다. 세상을 향해 외쳐야 하는 것이다. 이 선포로 말미암아 나뿐만 아니라 우리 주변 사람들 모두에게 용기가 생기고 회복이 일어나야 한다.

목사에게 진정한 회복의 순간은 병원에 가서 고농축 링거를 맞을 때가 아니다. 바로 강단에서 하나님을 찬양하고 하나님의 말씀을 선포할 때이다. 그러면 회복이 일어난다. 성도들에게만 회복이 일어나는 것이 아니다. 가장 먼저 나 자신에게 회복이 일어난다. 성도들을 향해 "굼!"이라고 선언하는 사람에게 영적인 능력이 있다. 가르침을 받고 깨닫는 사람이 열의 혜택을 받는다면, 가르치고 선포하는 사람은 백의 혜택을 받는 것이다.

우리에게 삶 속에서 받은 은혜를 선포하고 나누는 은혜가 넘치기를 소망한다. 이 선포의 물꼬가 계속 이어져 수많은 영혼들에게 소망의 영향을 미치기를 바란다. 그렇게 되려면 우리가 먼저 영적으로 무장되어 은혜로 충만해야 한다. 그런 다음 그것이 고인물이 되지 않도록 믿지 않는 사람들을 향하여 선포해야 한다.

승리를 선포할 때 사탄이 도망간다

사탄의 속성은 똥개와 비슷한 것 같다. 어린 시절 동네에 있는 똥개가 갑자기 "왈왈" 하며 나에게 달려든 적이 있다. 너무 놀라 있는 힘을 다해 도망을 가니 내 발뒤꿈치를 물 것처럼 나에게 달려왔다. 그런데 한참을 뛰다가 '획' 하고 뒤돌아보니 "깨갱" 하면서 도망가는 것이었다. 그때 깨달았다.

'이것이 똥개의 속성이구나.'

사사기 말씀에서도 똥개 같은 사탄을 발견할 수 있다. 기드온이 "일어나라 여호와께서 미디안과 그 모든 진영을 너희 손에 넘겨주셨느니라"(삿 7:15)라고 외치니 당황해하는 적들의 모습을 보자.

> 각기 제자리에 서서 그 진영을 에워싸매 그 온 진영의 군사들이 뛰고 부르짖으며 도망하였는데 _삿 7:21_

자신들이 무서워 파종도 제대로 하지 못했던 이스라엘 백성들이 하나님이 세우신 지도자 기드온과 더불어 "하나님께서 모든 진영을 우리에게 주셨다"라고 영적으로 선포하고 나니, 그 용맹했던 미디안 사람들이 깨갱거리면서 전부 도망가고 난리가 난 것이다.

우리는 이 원리를 너무 모르고 살았다. 환경이 바뀌고 문제가 해결되어야 선포하는 것이 아니다. 300명이었던 군대의 수가 수천, 수만 명으로 늘어나서 "굼!"이라고 외칠 수 있는 것이 아니다. 죽은 야이로의 딸이 벌떡 살아나서 "굼!" 할 수 있는 것이 아니다. 세상 사람들의 시각으로는 백전백패할 수밖에 없는 환경일지라도 하나님이 주신 승리의 약속을 온전히 신뢰할 때, 자신에게 그리고 우리의 주변 사람들에게 "일어나라!"라고 선포할 수 있는 것이다.

우리는 하나님 앞에 나아가 예배드릴 때, 먼저 사랑의 선순환을 경험해야 한다. 삶 속에 주시는 하나님의 은혜를 경험하고 그 은혜에 감격해야 한다. 그러기 위해서는 어떻게 해야 하는가? 하나님 없이 성공할 수 있다는 객기를 다 내려놓아야 한다. 자신의 의지를 다 내려놓고 하나님만을 의지해야 한다. 하나님만을 붙잡아야 한다. 그렇게 의지할 때 삶 속에서 주시는 하나님의 은혜를 감격으로 누려야 한다. 그 감격을 가지고 예배에 임해야 하는 것이다.

그 다음 변화되지 않은 문제투성이인 삶의 현장에서, "굼! 일어나라!"라고 선포해야 한다. 그러면 그 똥개처럼 날마다 우리를 괴롭히던 사탄이 일곱 길로 도망가는 놀라운 영적 부흥을 목도하게 될 것이다.

맡겨진 사명을 다하고 자신을 기다리고 있는 면류관을 기대하는 바울의 모습이 우리에게 주는 감동은 크다. 이런 은혜를 구하려면 예수 그리스도의 십자가를 가슴에 각인시켜야 한다. 바울이 자신의 인격의 힘으로 그런 삶을 산 것이 아니다. 바로 십자가의 능력으로 십자가의 보혈을 의지해 나아가는 삶을 살았다. 이 십자가로 우리의 영혼도 덮입혀지길 바란다.

PART
04

늘 주님과 동행하여
끝까지 승리하라

그 때에 이스라엘 사람들이 기드온에게 이르되 당신이 우리를 미디안의 손에서 구원하셨으니 당신과 당신의 아들과 당신의 손자가 우리를 다스리소서 하는지라 기드온이 그들에게 이르되 내가 너희를 다스리지 아니하겠고 나의 아들도 너희를 다스리지 아니할 것이요 여호와께서 너희를 다스리시리라 하니라 기드온이 또 그들에게 이르되 내가 너희에게 요청할 일이 있으니 너희는 각기 탈취한 귀고리를 내게 줄지니라 하였으니 이는 그들이 이스마엘 사람들이므로 금 귀고리가 있었음이라 무리가 대답하되 우리가 즐거이 드리리이다 하고 겉옷을 펴고 각기 탈취한 귀고리를 그 가운데에 던지니 기드온이 요청한 금 귀고리의 무게가 금 천칠백 세겔이요 그 외에 또 초승달 장식들과 패물과 미디안 왕들이 입었던 자색 의복과 또 그 외에 그들의 낙타 목에 둘렀던 사슬이 있었더라 기드온이 그 금으로 에봇 하나를 만들어 자기의 성읍 오브라에 두었더니 온 이스라엘이 그것을 음란하게 위하므로 그것이 기드온과 그의 집에 올무가 되니라 미디안이 이스라엘 자손 앞에 복종하여 다시는 그 머리를 들지 못하였으므로 기드온이 사는 사십 년 동안 그 땅이 평온하였더라 요아스의 아들 여룹바알이 돌아가서 자기 집에 거주하였는데 기드온이 아내가 많으므로 그의 몸에서 낳은 아들이 칠십 명이었고 세겜에 있는 그의 첩도 아들을 낳았으므로 그 이름을 아비멜렉이라 하였더라 요아스의 아들 기드온이 나이가 많아 죽으매 아비에셀 사람의 오브라에 있는 그의 아버지 요아스의 묘실에 장사되었더라 기드온이 이미 죽으매 이스라엘 자손이 돌아서서 바알들을 따라가 음행하였으며 또 바알브릿을 자기들의 신으로 삼고 이스라엘 자손이 주위의 모든 원수들의 손에서 자기들을 건져내신 여호와 자기들의 하나님을 기억하지 아니하며 또 여룹바알이라 하는 기드온이 이스라엘에 베푼 모든 은혜를 따라 그의 집을 후대하지도 아니하였더라 삿 8:22-35

CHAPTER 10

교만은 패망의 선봉이다, 끝까지 경계하라

지금까지 기드온은 자신에게 맡겨진 일을 잘 감당해왔다. 특히 지속적으로 이스라엘을 침공하던 미디안 군대를 단 300명의 용사와 더불어 무찌르는 대승을 이루었다. 물론 미디안과의 전쟁은 전적으로 하나님의 은혜로 치러진 영적 전쟁이었지만 그럼에도 기드온의 역할이 중요했다는 점을 부인할 수 없다.

따라서 사사기 8장 전반까지 기드온에 관한 성경 구절을 읽어보면 대부분 긍정적인 모습으로 묘사된 기드온을 볼 수 있다. 흠잡을 것이 별로 보이지 않는다.

그런데 사사기 8장 후반부터 기드온에 관한 묘사가 달라진다. 그전의 기드온이 맞나 싶을 정도로 완전히 바뀐 모습을 보인다.

전쟁의 승리 이후 기드온은 조금씩 변질되어간 것이다. 그런 기드온을 보면 마음이 무겁다. 왜냐하면 그런 모습은 비단 기드온에게만 국한되는 것이 아니기 때문이다.

초심 지키기

풀러신학교에서 평생개발론(Life Long Development)이라는 수업을 듣는데, 그때 담당 교수님이 항상 가장 강조하신 것이 있었다. 그것은 바로 '마무리를 잘하는 인생을 살자'였다. 그 교수님은 동서고금을 막론하고 마무리를 잘한 지도자가 드문 것을 안타까워하시며, 무슨 일이든 잘 마무리하는 것이 중요하다는 것을 강조하고 또 강조하셨다.

구약에 등장하는 왕들을 살펴보니 그 교수님의 말이 진리인 것 같다. 구약의 역대 왕들 가운데 마지막까지 변질되지 않고 초심을 지켰던 왕이 별로 없다. 웃시야 왕만 해도 그렇다. 웃시야 왕은 16세라는 어린 나이에 등극해 무려 52년 동안 나라를 통치했는데, 하나님께서는 그를 정직하게 행하는 사람으로 인정해주셨다. 그것은 사람의 중심을 보시는 하나님 앞에서 그의 내면이 깨끗하고 아름다웠다는 사실을 의미한다.

웃시야가 그의 아버지 아마샤의 모든 행위대로 여호와 보시기에 정직하게 행하며 대하 26:4

그런가 하면 웃시야 왕은 나라도 잘 다스려 당시 유다 왕국은 부국강병을 이루었다.

> 암몬 사람들이 웃시야에게 조공을 바치매 웃시야가 매우 강성하여 이름이 애굽 변방까지 퍼졌더라 웃시야가 예루살렘에서 성 모퉁이 문과 골짜기 문과 성굽이에 망대를 세워 견고하게 하고 대하 26:8,9

이처럼 내면도 깨끗하고 정치도 잘하여 많은 사람이 성군(聖君)으로 떠받들던 사람이 바로 웃시야 왕이다. 그런데 이렇게 자꾸 주변에서 칭찬하고 떠받들면 슬그머니 찾아오는 것이 하나 있다. 그것은 바로 '교만'이다.

> 그가 강성하여지매 그의 마음이 교만하여 악을 행하여 그의 하나님 여호와께 범죄하되 대하 26:16

나는 이 성경 구절을 읽을 때마다 통탄을 금할 수 없다. 이 땅을 살아가면서 강성해지는 것, 즉 소위 말하는 성공한 삶을 이루는 것은 쉬운 일이 아니다. 많은 사람이 이런 삶을 추구하지만, 누가 봐도 성공한 삶을 살기란 쉽지 않다.

그런데 정말 안타까운 것은 하나님의 은혜로 강성해지고 성공한 사람이 '교만'이라는 복병에 너무나도 쉽게 넘어지는 일이다. 웃시야 왕 또한 그 마음에 교만이 틈타 제사장의 권한을 무시하고 분향 제단 위의 향을 피우려다가 죽는 날까지 나병환자가 되는 하나님의 징계를 받게 되었다.

> 웃시야 왕이 죽는 날까지 나병환자가 되었고 나병환자가 되매 여호와의 전에서 끊어져 별궁에 살았으므로 그의 아들 요담이 왕궁을 관리하며 백성을 다스렸더라 대하 26:21

웃시야 왕이 죽던 해에

내 머릿속에 강하게 입력되어 있는 성경 구절 중 하나가 바로 "웃시야 왕이 죽던 해에"이다. 어떤 때는 길을 가면서 또는 운전을 하면서 "웃시야 왕이 죽던 해에, 웃시야 왕이 죽던 해에"라고 혼자서 중얼거린다.

내가 이렇게 하는 이유가 무엇인가? '나도 교만해지면 죽는다'라는 사실을 잊지 않고 기억하기 위해서이다. 내가 항상 경계하는 것이 스스로 교만해져 결국 웃시야 왕처럼 비참한 최후를 맞는 것이다. 그래서 늘 웃시야 왕의 최후를 떠올리며 스스로를 경계하고 있다. 우리 모두의 가슴속에 "웃시야 왕이 죽던 해에"가 새겨져 있기를 바란다.

우리가 다른 사람으로부터 칭찬을 자주 받게 되면 우리의 인격과 상관없이 우리 안에 교만이 심겨졌을 가능성이 높다. 당장 눈에 띄지는 않아도 내면 은밀한 곳에 교만이 들어와 잠복해 있는 것이다. 나는 내 안에도 교만이 잠복해 있는 것을 느낀다. 이 교만은 조금만 방심하면 튀어나온다. 그렇기 때문에 새벽마다 일어나 말씀을 보고 기도를 드리며 성령의 능력으로 이것을 꾹꾹 누르는 것이다. 튀어나오는 것은 너무나 쉽고 자연스러운 일이지만 누르는 것은 힘든 수고가 필요한 일이다.

우리가 인식하든 인식하지 못하든 우리 안에 교만은 늘 잠복해 있다. 이 사실을 인식하느냐 인식하지 못하느냐는 천지 차이다. 따라서 우리는 항상 영적으로 깨어 있어서 이 교만이 튀어나오지 못하도록 내면을 다스려야 한다.

인간은 교만해지기 쉬운 존재

우리를 타락시키는 교만과 관련하여 반드시 기억해야 할 사항이 두 가지 있다.

첫째로 사람은 성공한 다음 변질되기 쉬운 존재라는 사실이다. 따라서 어떤 면에서는 오히려 세상에서 성공하지 못하는 것이 더 좋을 수 있다. 사람은 상황이 좋아질수록 교만해지기 쉽기 때문이다. 교만해져서 영적으로 황폐해지기보다는 상황이 나쁘더라도 하나님 앞에 겸손한 것이 하나님 보시기에는 더 유익할 것이다.

나는 나의 10년 뒤 모습, 은퇴할 때의 모습을 종종 그려본다. 그때에 내가 하나님 앞에 또 성도들 앞에 온전히 서 있기 위해 나는 하루하루를 내 안에 있는 교만과 싸우고 있다.

고(故) 옥한흠 목사님은 평생 나를 크게 두 번 놀라게 하셨는데, 한 번은 65세에 정년을 5년이나 앞당겨 은퇴하셨을 때이고, 또 한 번은 은퇴 이후 갑자기 소천(召天)하셨을 때이다. 그 두 번의 놀람이 다 내게는 안타까움이요 슬픔으로 다가왔지만, 요즘처럼 자주 존경받던 목사님들에 대한 안타까운 소식이 들려올 때면 옥한흠 목사님만큼 영적으로 복된 분도 없다는 생각이 들곤 한다. 그 분은 하나님과 사람들 앞에 여전히 맑고 순수한 모습으로 계시다 그 모습 그대로 하나님의 부르심을 받았기 때문이다.

요즘엔 그것이 참 부럽다. 나도 그렇게 그 뒤를 따라가고 싶다. 그리고 나는 알고 있다. 그러기 위해서는 하나님의 큰 은혜와 영광이 임하였을 때 교만이 틈타지 못하도록 더욱 깨어 있어야 한다.

사탄은 우리가 주님께 은혜 받는 것을 가장 경계하며, 호시탐탐 기회를 노리고 있다. 우리가 주님께 은혜 받은 그때에 사탄은 우리에게 교만을 심어줄 수 있다. 따라서 사람은 스스로 자신이 성령충만하다고 느낄 때일수록 교만해지기 쉬운 시기임을 기억하고, 더욱 자신의 내면을 살펴야 한다.

아주 작은 것에서부터

두 번째로 기억해야 할 것은 교만으로 인해 찾아오는 변질은 아주 작은 것에서부터 시작된다는 사실이다.

기드온이 미디안 군대를 무찌르고 돌아왔을 때 사람들은 그에게 열광하며 자신들을 다스려달라고 간청했다.

> 그때에 이스라엘 사람들이 기드온에게 이르되 당신이 우리를 미디안의 손에서 구원하셨으니 당신과 당신의 아들과 당신의 손자가 우리를 다스리소서 하는지라 삿 8:22

그러나 그때 기드온은 아주 단호하게 거절한다.

> 기드온이 그들에게 이르되 내가 너희를 다스리지 아니하겠고 나의 아들도 너희를 다스리지 아니할 것이요 여호와께서 너희를 다스리시리라 삿 8:23

자신을 우상처럼 떠받들어서는 안 되며 오직 하나님만 섬기라고 말하고 있는 이 구절을 통해 우리는 기드온의 겸손함과 영성을 볼 수 있다. 그런데 둑의 물이 어디서부터 새는지 아는가? 바로 그 다음 구절을 살펴보자.

> 또 그들에게 이르되 내가 너희에게 요청할 일이 있으니 너희는 각기 탈취한 귀고리를 내게 줄지니라 하였으니 이는 그들이 이스마엘 사람들이므로 금귀고리가 있었음이라 삿 8:24

기드온은 지금 백성들에게 전쟁에서 탈취한 금을 자신에게 바치라고 명하고 있다. 그런데 한번 생각해보자. 왕으로 추앙하려는 것을 거절한 위대한 지도자에게 탈취한 금의 일부를 바치는 것이 무슨 문제가 되겠는가? 백성들 중에서 그것이 너무 가혹하다거나 기드온이 벌써 타락했다고 생각하는 사람은 없었을 것이다. 기드온 또한 이 정도는 괜찮으리라 생각했을 것이다.

올무를 조심하라

그런데 그 다음에 나오는 사사기 8장 27절을 보면 놀라운 일이 벌어진다.

> 기드온이 그 금으로 에봇 하나를 만들어 자기의 성읍 오브라에 두었더니 온 이스라엘이 그것을 음란하게 위하므로 그것이 기드온과 그의 집에 '올무'가 되니라 삿 8:27

'올무'의 사전적 의미는 두 가지가 있다. 하나는 새나 짐승을 잡기 위하여 만든 올가미이고, 또 하나는 사람을 유인하는 잔꾀이다. 따라서 여기서 '올무가 되었다'는 것은 누군가가 어떤 목적을 가지고 의도적으로 기드온을 곤경에 빠뜨리기 위해 덫을 만들어놓았다는 것을 의미한다. 누가 교묘한 함정을 만들어 기드온을 꾀었는지는 말 안 해도 다 알 것이다.

따라서 나는 이 말씀이 너무나도 두렵다. 사탄이 우리를 넘어뜨리려고 할 때 노골적으로 다가오는 일은 흔하지 않다. 사탄은 그렇게 어리석지 않다. 그는 우리가 방심하는 사이 지극히 자연스럽게 다가온다.

재정 문제를 예로 들어보자. 나는 우리 교회의 재정이 얼마인지 잘 모른다. 물론 교회에서 때마다 재정보고를 한다. 하지만 나는 그 내용을 일부러 내 머릿속에 담아두지 않는다. 처음부터 아예 교회 재정에는 근처도 가지 않고자 다짐하는 것이다. 왜 그렇게 해야 하는가? 혹시라도 교회 재정을 가까이했다가 유혹에 걸려 넘어져 실족하는 일이 생길까 두려운 것이다.

엄청나게 크고 무거운 죄가 우리 삶을 무너뜨리는 게 아니다. 우리의 방심은 아주 작고 사소한 데서 나타난다. 그리고 그 작은 방심이 올무가 되어 내 삶을 무너뜨리고 가정을 깨뜨릴 수 있다. 가정이 깨어지는 것은 단지 어떠한 큰 사건 때문만이 아니다. 배우자에게 무례하게 행하는 것, 함부로 말하는 것 등 작고 사소한 것이 문제의 시발점이 된다. 그 작은 방심이 사탄의 덫이라는 사실을 명심해야 한다. "간음하지 말라"라는 계명을 범하지 않았다고 자랑할 것이 아니라 목숨처럼 자신의 배우자를 사랑해야 한다. 어제보다 오늘 더 사랑을 표현하고자 노력해야 한다. 지금 내가 방심하고 있는 것은 무엇인지 늘 되돌아보고 점검해야 한다.

에봇을 벗고 성령의 옷을 입으라

그렇다면 이제 기드온이 백성들에게 요구한 금을 가지고 무엇을 했는지 살펴보자. 기드온이 그 금을 자신이 취하려고 했던 것이 아니었다. 명분이 있었다.

> 기드온이 그 금으로 에봇 하나를 만들어 자기의 성읍 오브라에 두었더니 삿 8:27

에봇은 대제사장이 입던 예복이다. 기드온은 금으로 제사장의 예복을 만들었다. 그런데 이것이 문제가 되는 것은 그에게 스며든 교만 때문이다. 기드온은 자신의 눈으로 사람들이 자신에게 열광하는 것을 확인하고 싶었다.

사실 하나님께서는 이미 그에게 금으로 치장한 대제사장의 예복 에봇과 비교할 수 없는 놀라운 의복을 주셨다.

> 여호와의 영이 기드온에게 임하시니 기드온이 나팔을 불매 아비에셀이 그의 뒤를 따라 부름을 받으니라 삿 6:34

"여호와의 영이 기드온에게 임하시니"를 문자적으로 번역하면 "여호와의 신이 기드온을 옷 입히셨다"라는 뜻이다. 하나님께서는 기드온에게 금으로 치장한 예복과는 비교할 수 없는 성령의 옷을 입혀주신 것이다. 또한 기드온은 그러한 영(靈)의 옷을 입고 전쟁에 임했기 때문에 승리할 수 있었다.

성령의 옷은 세상 사람들의 눈에는 잘 보이지 않는다. 우리가 성령 충만하다 하더라도 세상 사람들은 그것을 알지 못할 수 있다. 반면에 사람들의 평가는 눈에 보이는 것이다. 사람들은 눈에 보이는 성과를 가지고 칭찬한다. 예를 들어 간혹 나에게 "목사님은 설교를 참 잘하십니다"라고 말하는 성도는 있어도 "목사님은 영이 참 맑으십니다"라고 말하는 경우는 거의 없다.

내면을 점검하라

그런데 이런 가시적인 것만 가지고 평가하는 칭찬을 자꾸 듣다 보면 사람의 심리가 그것을 점점 확인하고 싶어진다. 그래서 성령께서 입혀주신 그 놀라운 옷은 안 보이고, 금으로 치장한 예복을 마련하고 싶은 충동이 생긴다. 이것이 변질이다.

당신은 금으로 치장한 화려한 에봇을 입기 원하는가? 아니면 성령의 능력으로 덧입혀지기를 원하는가? 우리 안에 겉으로 치장한 금 에봇을 만들려는 시도가 있다면, 이것이 영적인 적신호라는 사실을 깨달아야 한다.

> 경건의 모양은 있으나 경건의 능력은 부인하니 이 같은 자들에게서 네가 돌아서라 딤후 3:5

우리도 기드온처럼 경건의 모양만 추구하고 경건의 능력은 부인하며 살아가고 있지는 않은지 되돌아보아야 한다.

〈도가니〉라는 영화를 보면 청각장애인들을 학대하며 악행을 저지르는 교장이 나온다. 그런데 그가 재판장에 가해자 신분으로 앉자 그 부인을 비롯하여 같은 교회에 다니는 교인들이 그를 모함하지 말라며 피켓을 들고 시위를 벌인다. 그 교장이 교회에서는 존경받는 장로였던 것이다.

그 교장은 금으로 치장한 화려한 에봇을 입고 교회에 다녔을 것이다. 따라서 사람들은 그의 내면이 이미 사탄의 소굴이 된 것을 알지 못했다. 그 교장의 이야기가 다른 사람의 이야기처럼 들리는가?

오늘날 하나님께서 우리에게 주시는 경고는 "방심하면 다음이 바로 네 차례이다" 하는 것이다. 우리는 지금 차분하게 그리고 냉정하게 자신을 돌아보면서 자신의 내면을 살펴야 한다. 내 마음속은 사탄의 소굴이 되어가는데 겉은 금으로 치장한 에봇을 가지고 그럴싸하게 살아가고 있지는 않은지 점검해야 한다.

기드온의 최후

이제 기드온이 어디까지 타락하고 변질되었는지 살펴보자.

> 요아스의 아들 여룹바알이 돌아가서 자기 집에 거주하였는데 기드온이 아내가 많으므로 그의 몸에서 낳은 아들이 칠십 명이

었고, 세겜에 있는 그의 첩도 아들을 낳았으므로 그 이름을 아
비멜렉이라 하였더라 삿 8:29-31

처음에는 자신은 이스라엘의 왕이 될 수 없으며 우리의 진정한 왕
은 하나님뿐이라고 고백한 기드온이 결국은 다른 왕들이 걸어갔던 길
과 비슷한 길을 걷고 있는 것이다. 명분을 가지고 "난 그런 사람이 아
니다"라고 말했는데 실제로는 그 길을 따라 살았다.

성경은 기드온의 비참한 최후를 다음과 같이 기록한다.

기드온이 이미 죽으매 이스라엘 자손이 돌아서서 바알들을 따
라가 음행하였으며 또 바알브릿을 자기들의 신으로 삼고 이스
라엘 자손이 주위의 모든 원수들의 손에서 자기들을 건져내신
여호와 자기들의 하나님을 기억하지 아니하며 또 여룹바알이
라 하는 기드온이 이스라엘에 베푼 모든 은혜를 따라 그의 집을
후대하지도 아니하였더라 삿 8:33-35

이런 허무한 일이 어디 있는가? 기드온이 죽자 이스라엘 사람들은
그를 후대하지 않을 뿐 아니라 하나님을 기억하지 않았고 오히려 우
상인 바알브릿을 신으로 삼았다.

우리는 기드온의 모습을 통해 사람이란 성공한 이후 변질되기 쉬운
존재이며 또 그 변질은 아주 사소한 방심에서부터 시작된다는 사실을

기억해야 한다. 하나님 앞에 회개하며 나아갈 때 나도 모르게 나의 내면 깊은 곳에 생겨난 교만이 깨어지는 역사가 일어나기를 바란다. 또한 기드온의 삶을 반면교사로 삼아 오늘보다 내일 더 하나님께 겸손히 나아가는 하나님의 자녀가 되기를 기도한다.

나의 달려갈 길을 마침에

성경을 보면 기드온의 마지막 모습과 대조되는 삶을 산 인물 중에 사도 바울이 있다. 그의 마지막 고백이 얼마나 아름다운지 들어보자.

> 전제와 같이 내가 벌써 부어지고 나의 떠날 시각이 가까웠도다 나는 선한 싸움을 싸우고 나의 달려갈 길을 마치고 믿음을 지켰으니 이제 후로는 나를 위하여 의의 면류관이 예비되었으므로 주 곧 의로우신 재판장이 그날에 내게 주실 것이며 내게만 아니라 주의 나타나심을 사모하는 모든 자에게도니라 딤후 4:6-8

맡겨진 사명을 다하고 자신을 기다리고 있는 면류관을 기대하는 바울의 모습이 우리에게 주는 감동은 크다. 우리의 인생이 마감되는 날 우리의 가문이 타락하고 황폐해지는 것이 아니라 사도 바울의 정신이 이어져서 우리 후손들에게 이렇게 이야기할 수 있는 복된 인생이 되기를 간절히 바란다.

"나는 하나님의 은혜로 내 인생을 살았고, 이제 후회는 없다. 부디 너희들도 하나님의 은혜를 힘입어 나아가는 인생을 살아라."

이런 은혜를 구하려면 예수 그리스도의 십자가를 가슴에 각인시켜야 한다. 바울이 자신의 인격의 힘으로 그런 삶을 산 것이 아니다. 바로 십자가의 능력으로 십자가의 보혈을 의지해 나아가는 삶을 살았다. 이 십자가로 우리의 영혼도 덧입혀지길 바란다.

이스라엘 자손이 미디안으로 말미암아 여호와께 부르짖었으므로 여호와께서 이스라엘 자손에게 한 선지자를 보내시니 그가 그들에게 이르되 여호와께서 이같이 말씀하시기를 이스라엘의 하나님 내가 너희를 애굽에서 인도하여 내며 너희를 그 종 되었던 집에서 나오게 하여 애굽 사람의 손과 너희를 학대하는 모든 자의 손에서 너희를 건져내고 그들을 너희 앞에서 쫓아내고 그 땅을 너희에게 주었으며 내가 또 너희에게 이르기를 나는 너희의 하나님 여호와이니 너희가 거주하는 아모리 사람의 땅의 신들을 두려워하지 말라 하였으나 너희가 내 목소리를 듣지 아니하였느니라 하셨다 하니라 여호와의 사자가 아비에셀 사람 요아스에게 속한 오브라에 이르러 상수리나무 아래에 앉으니라 마침 요아스의 아들 기드온이 미디안 사람에게 알리지 아니하려 하여 밀을 포도주 틀에서 타작하더니

삿 6:7-11

CHAPTER 11

작은 일에 충성하는 당신이 하나님나라의 주인공이다

지금까지 살펴본 것처럼 기드온은 위기 가운데 있던 나라를 구한 지도자로, 특히 300명의 용사와 더불어 미디안 사람들을 무찌르는 용맹스러운 모습을 보여줬다.

그런데 기드온의 기사를 거듭 묵상하면서 내 머릿속에 맴도는 생각이 하나 있었다. 그것은 전쟁을 승리로 이끈 주역이 기드온 혼자만이 아니라는 생각이다. 물론 기드온의 역할이 컸던 것은 사실이지만, 그가 이처럼 뛰어난 지도자로 활약할 수 있었던 것은 그의 뒤에서 헌신한 수많은 사람들이 있었기 때문이다. 기드온 뒤에는 300명의 용사들을 비롯하여 이름도 빛도 없이 헌신한 수많은 사람들이 있었다.

따라서 이번 장(章)에서는 기드온에게 맞췄던 우리의 초점을 자신의 자리에서 이름 없이 묵묵히 충성했던 무명의 사람들에게로 옮기고자 한다.

그중에서 특히 사사기 6장에 나오는 '무명의 선지자'와 7장에 나오는 기드온의 부하 '부라'에 대해 알아보자.

앞길을 다지는 무명의 선지자

먼저 무명의 선지자에 대해 살펴보자. 그를 한마디로 요약하면 기드온의 앞길을 평탄하게 했던 사람이다.

당시 이스라엘 백성들은 하나님 앞에 악을 행한 결과로 극심한 고통 가운데 처해 있었다. 파종기만 되면 미디안 사람들이 쳐들어와 먹을 것을 싹 쓸어가버리는 일이 반복됐던 것이다. 그런 일이 7년이나 계속되다 보니 이스라엘 백성들의 궁핍과 고통은 극에 달했다. 이스라엘 백성들이 극한 고통 속에서 절박한 마음으로 하나님께 부르짖었더니 하나님은 그들의 기도를 들으시고 응답해주셨다.

그러나 하나님의 응답은 이스라엘 백성들이 원하는 방식은 아니었다. 그들은 침략자 미디안을 무찌를 수 있도록 강력한 군대를 보내주시거나 뛰어난 지도자를 보내주시기를 기도했는데, 하나님께서는 그들에게 한 무명의 선지자를 보내주셨다.

이스라엘이 미디안으로 말미암아 궁핍함이 심한지라 이에 이

스라엘 자손이 여호와께 부르짖었더라 삿 6:6

그러고는 그 무명의 선지자를 통하여 이스라엘의 타락과 죄악을 통렬하게 지적하셨다. 하나님의 관점으로는 이스라엘의 적인 미디안을 무찌르는 것보다 그런 일이 일어날 수밖에 없었던 근본적인 원인인 이스라엘의 죄악과 타락과 부패를 회개하는 것이 우선되어야 했기 때문이다.

내가 또 너희에게 이르기를 나는 너희의 하나님 여호와이니 너희가 거주하는 아모리 사람의 땅의 신들을 두려워하지 말라 하였으나 너희가 내 목소리를 듣지 아니하였느니라 하셨다 하니라 삿 6:10

여기서 그 부름 받은 무명의 선지자 입장에서 한번 생각해보자. 그를 향한 이스라엘 백성들의 시선은 곱지 않았을 것이다. 지금 자신들에게 당장 필요한 것은 미디안 군대를 몰아낼 강력한 장수인데 어디에서 듣지도 보지도 못한 선지자가 등장해 "회개하라"라고 선포하니 그가 얼마나 못마땅했겠는가?

사사기 6장의 구조를 살펴보면, 하나님께 부름 받은 이 무명의 선지자가 악역을 맡아 고군분투하며 이스라엘 백성들의 마음을 정돈하고 앞길을 평탄케 하는 일이 먼저 일어난 다음, 마치 레드카펫이 펼쳐지면 그 위를 밟고 지나가는 주연배우처럼 기드온이 등장한다. 그러나 이 무명의 선지자의 역할이 비록 주인공 기드온과 같이 화려한 스포트라이트를 받는 역할은 아니지만 누군가는 반드시 감당해야 하는 중요한 역할이다.

최근에 이 무명의 선지자를 묵상하면서 길을 걷는데 갑자기 가슴이 복받쳐 오르며 눈물이 흐르기 시작했다. 지금 우리나라 안에 이 무명의 선지자처럼 이름도 없이 빛도 없이 묵묵히 자신이 맡은 역할을 감당하며 주님의 복음을 처절하게 전하고 있는 수많은 주의 종들이 떠올랐기 때문이다. 그러면서 나 자신에게 두 가지 질문을 던지게 되었다.

첫 번째 질문은 '나는 이 무명의 선지자처럼 비록 사람들에게 환영받고 대접 받는 일이 아니라 할지라도 그것을 피하지 않고 묵묵히 내가 해야 할 일을 잘 감당하고 있는가?' 하는 것이었다.

두 번째 질문은 '과연 내 주위에는 이런 무명의 선지자가 있는가? 이처럼 가감 없이 하나님의 말씀으로 내 약점을 지적해주는 사람들이 있는가? 혹시 나는 나에게 듣기 좋은 말만 해주는 사람들과만 가까이 지내고 있는 것은 아닐까?'였다.

오래도록 생각해봤지만 자신 있게 대답할 수 없었다. 아마도 이 질문은 내 평생에 가져가야 할 질문인 것 같다. 우리 모두 이 두 가지 질문을 스스로에게 던져보도록 하자.

동행자 부라

우리가 살펴볼 두 번째 인물은 사사기 7장에 나오는 기드온의 부하 부라이다.

> 그 밤에 여호와께서 기드온에게 이르시되 일어나 진영으로 내려가라 내가 그것을 네 손에 넘겨주었느니라 만일 네가 내려가기를 두려워하거든 네 부하 부라와 함께 그 진영으로 내려가서
>
> 삿 7:9,10

아마 그 당시 기드온은 미디안과의 전쟁을 앞두고 많이 두려웠던 것 같다. 무엇을 보면 알 수 있는가? 하나님께서는 기드온에게 두렵다면 부하 부라와 함께 내려가라고 하셨는데, 그 다음 구절을 보면 기드온이 부라와 함께 가는 것을 볼 수 있다.

여기서 부라가 맡은 역할이 무엇인가? 지도자 기드온이 두려워 떨고 있을 때, 다른 일을 하는 것이 아니라 잠잠히 그와 동행해주는 것이다. 부라 역시 사사기 7장에 한 번 등장하고 더 이상 그의 이름이 거론되지 않는다. 그도 앞에 나오는 무명의 선지자처럼 조용히 쓰임 받다가 자신의 역할을 다하면 소리 없이 사라지는 인물인 것이다.

하나님께서는 하나님의 자녀인 우리가 이 땅을 살다가 낙심에 빠지고 두려움에 사로잡힐 때면 어김없이 우리에게 귀한 동역자를 붙여주신다. 하나님께서는 다른 어떤 도구보다 동역자를 통해 우리를 회복

시키기 원하시는 것 같다.

지난 20여 년의 목회를 되돌아보니 기드온처럼 두려워 떨렸던 순간이 얼마나 많았는지 모른다. 그런데 돌아보면 그럴 때마다 하나님께서는 어김없이 내 안에 있는 두려움을 몰아낼 수 있도록 도와주는 부라와 같은 귀한 동역자를 붙여주셨다.

나는 지금 나와 함께하는 우리 젊은 동역자들이 참 고맙다. 얼마나 감사한 일인가? 한국에 교회가 오만 개가 넘는다는데 그 수많은 교회 가운데 분당우리교회에 와서 지금까지 나와 함께 묵묵히 교회를 섬겨주니 말이다. 고맙게도 간혹 우리 교역자들이 나한테 감사 메일을 보낼 때가 있다. 그러나 사실은 그들이 내게 고마워하는 그 갑절 이상으로 내가 고맙다. 그뿐만이 아니다. 교회 안에서 수고하는 수많은 손길들을 생각할 때면 가슴이 벅차오른다. 교사, 반주자, 음향담당자, 주차봉사자 등 하나님의 일을 위해 기쁨으로 수고해주는 고마운 동역자들이 있기에 더욱 즐거이 사역할 수 있다.

믿음의 사람들

그런데 그들은 어떻게 기드온과 같은 주인공 역할이 아니라 부라나 무명의 선지자와 같이 커튼 뒤에 숨어서 묵묵히 수고하는 일을 하면서도 그토록 기뻐할 수 있는 것일까? 그 원동력이 어디에 있는 것일까? 대답은 간단하다. 그들에게 믿음이 있기 때문이다. 어떤 믿음인가? 세상은 무명의 선지자나 부라 같은 엑스트라에 주목하지 않고 온

통 주인공에만 관심을 기울이지만 하나님께서는 무명의 선지자나 부라와 같은 사람의 수고도 주인공 기드온의 수고와 똑같은 무게로 인정해주신다는 믿음이다.

'믿음장(章)'이라고 불리는 히브리서 11장에는 우리가 잘 알고 있는 믿음의 거장들이 열거되어 있다. 아벨, 에녹, 아브라함, 이삭, 야곱, 모세, 여호수아, 기드온, 삼손, 바락 등 구약을 대표하는 믿음의 영웅들이 등장한다. 그런데 히브리서 기자는 여기서 멈추지 않았다. 믿음의 영웅들을 열거한 다음 이름 없는 무명의 사람들을 언급한 것이다.

> 여자들은 자기의 죽은 자들을 부활로 받아들이기도 하며 또 어떤 이들은 더 좋은 부활을 얻고자 하여 심한 고문을 받되 구차히 풀려나기를 원하지 아니하였으며 또 어떤 이들은 조롱과 채찍질뿐 아니라 결박과 옥에 갇히는 시련도 받았으며 돌로 치는 것과 톱으로 켜는 것과 시험과 칼로 죽임을 당하고 양과 염소의 가죽을 입고 유리하여 궁핍과 환난과 학대를 받았으니 (이런 사람은 세상이 감당하지 못하느니라) 그들이 광야와 산과 동굴과 토굴에 유리하였느니라 히 11:35-38

이름도 없이 빛도 없이 주님을 사랑하는 마음 하나로 고통 가운데서도 믿음을 잃지 않았던 수많은 믿음의 사람들을 외면하지 않으시고 기록해주신 주님, 그분이 바로 우리의 하나님이시다.

때로는 하나님과 교회와 가정을 위한 내 수고와 헌신을 아무도 알아주지 않는 것처럼 느껴질 때가 있다. 그러나 우리 하나님은 다 알고 계시며 기억하고 계신다. 하나님께서 히브리서 11장 38절에 뒤이어 우리의 수고와 헌신을 기록하고 계신다고 생각해보라. 그 사실만으로도 가슴이 벅차오르지 않는가.

그분은 흥하고 나는 쇠하는 것

우리는 세례 요한의 삶을 통해서도 이러한 믿음의 본을 발견할 수 있다.

> 그때에 세례 요한이 이르러 유대 광야에서 전파하여 말하되 회개하라 천국이 가까이 왔느니라 하였으니 그는 선지자 이사야를 통하여 말씀하신 자라 일렀으되 광야에 외치는 자의 소리가 있어 이르되 너희는 주의 길을 준비하라 그가 오실 길을 곧게 하라 하였느니라 마 3:1-3

구약에서 예언된 세례 요한의 역할은 '광야에서 외치는 소리'이다. 여기서 이 '소리'의 특징이 무엇인지 아는가? 우선 소리는 보이지 않는다. 들리기는 하는데 실체가 없다. 또한 소리는 그 메시지를 듣기 원하는 사람에게 전달되는 순간 사라져버린다. 만약 소리가 자신의 실체에 대한 미련이 남아서 사람들의 귀에 다 들려졌는데도 없어지지 않고 계속 남아 있으면 어떻게 될까? 그 웅웅거리는 소리 때문에 아무 것도 할 수 없을 것이다. 따라서 소리는 자기 역할을 다하면 사라져버려야 한다.

세례 요한이 맡았던 역할이 딱 그런 소리의 역할이었다. 그는 자기 자신은 드러내지 않고 철저하게 예수 그리스도만 증거한 사람이다. 그리고 나서 자신이 증거한 예수 그리스도가 역사의 무대에 등장하니 어떻게 했는가? 미련 없이 무대에서 사라져버렸다.

한 연예인이 텔레비전에 나와 하는 인터뷰를 들은 적이 있는데, 그들은 언제나 두려움에 싸여 있다고 한다. 인기가 없을 때는 물론이고 정상의 위치에 있어도 그 인기가 언제 다른 사람에게로 옮겨갈지 몰라 두렵다는 것이다.

그러니 자신에게 그토록 열광했던 군중이, 심지어 자기 제자들조차 자신에게 등을 돌리고 새로운 인물인 예수님에게로 향해갈 때 세례 요한의 심정이 어땠겠는가?

하지만 그때 그는 이렇게 고백한다.

> 그는 흥하여야 하겠고 나는 쇠하여야 하리라 하니라 요 3:30

세례 요한은 자신의 말처럼 자기가 맡은 역할을 다한 후에 참수형을 당해 역사의 현장에서 사라졌다. 세상 사람들의 눈으로 보면 세례 요한은 실패자일 수 있다. 예수님의 등장과 함께 세상이라는 무대에서 사라져버렸기 때문이다. 그러나 주님은 그를 어떻게 평가하시는가?

> 내가 진실로 너희에게 말하노니 여자가 낳은 자 중에 세례 요한
> 보다 큰 이가 일어남이 없도다 마 11:11

보이지 않는 곳에서의 섬김의 손길

얼마 전 한 교역자가 큐티 강의를 위해 준비하는 과정을 지켜본 적이 있다. 그런데 한 동료 교역자가 그 교역자 뒤에서 그가 강의를 잘할 수 있도록 조언과 자료를 아낌없이 제공해주는 모습을 보았다. 자신의 일이 아님에도 마치 제 일처럼 열심히 도와주는 모습을 보는데 감동이 밀려왔다. 분당우리교회를 이끌어가는 사람들은 담임목사나 앞에서 주도하는 담당자들이 아니라 바로 부라와 같은 마음을 가지고 보이지 않는 곳에서 수고하는 여러 동역자들이다.

최근 〈도가니〉라는 영화 한 편이 우리나라를 온통 들끓게 만들었다. 거기에 등장하는 악랄한 주인공이 바로 교회의 장로이다. 영화 속에서 청각장애아들에게 비인간적인 성폭력과 학대를 저지른 그가 재판을 받을 때 같은 교회 교인들이 피켓을 들고 나와서 "사탄아 물러가라. 훌륭한 장로를 모함하는 사탄아 물러가라"라고 외치는 장면에서는 정말 참담한 기분이 들었다.

나는 그 영화가 끝나자마자 누가 볼세라 제일 먼저 극장에서 빠져나갔다. 혹시라도 아는 사람이 "목사님!" 하고 부를까 봐 두려웠기 때

문이다. 그렇게 집으로 돌아와서도 그 잔상이 계속 남아 하루 종일 마음이 참 힘들었다.

그런데 그 다음날 아침, 우연히 텔레비전을 켰는데 기부천사 고(故) 김우수 씨에 관한 내용이 방영되었다. 세간의 화제가 된 중국집 배달원 김우수 씨는 70만 원 월급에서 매달 불우한 어린이들에게 5만 원에서 10만 원씩 후원금을 보냈다고 한다. 그런 그가 뜻밖의 교통사고로 세상을 떠난 것에 대해 애도하는 내용의 방송이었는데, 그가 자신이 사망할 경우 자신의 보험금 4천만 원 전액을 불우한 어린이들을 위한 어린이 재단에 기증하기로 한 사연이 공개되면서 보는 이들의 마음을 더 뭉클하게 했다.

생전에 그가 기거했던 고시원 쪽방의 책상 위에는 그가 그동안 후원해온 세 명의 아이들의 사진이 담긴 액자와 그들에게 받은 감사편지가 놓여 있었다. 그런데 그 순간 다른 무엇보다 내 시선을 사로잡은 것이 있었는데, 그것은 바로 낡은 성경이었다.

평소에는 텔레비전을 잘 보지 않는 내가 그날 아침 우연히 텔레비전을 켜 그 장면을 보게 된 데에는 하나님의 특별한 간섭하심이 있었기 때문이라고 생각한다. 오늘날 한국교회에는 영화 〈도가니〉에 나오는 장로와 같이 변질되고 타락한 수많은 종교지도자들이 있다. 그러나 하나님께서는 내게 여전히 한국교회 안에는 고(故) 김우수 씨와 같은 순전한 하나님의 사람들이 곳곳에 있다는 사실을 보여주고 싶으셨던 것 같다. 하나님이 마치 내게 이렇게 말씀하시는 것 같았다.

"오늘날 한국교회를 지탱하는 힘은 다른 무엇보다 잘 드러나지는 않지만 월급 70만 원 받으면서도 가난한 이웃을 섬기며 하나님의 말씀을 묵상하는 그런 신실한 성도들이란다."

한국교회의 희망

부패했다는 비판을 많이 받고 있는 한국교회이지만 그러나 그럼에도 불구하고 나는 확신한다. 아직도 곳곳에 순결한 주님의 자녀들이 이 땅에 많이 있다는 사실을 말이다. 특히 이름도 없이 빛도 없이 시골 산간지역에서 사역하시는 목회자들이 그러하다.

지난 특별새벽부흥회 때에는 미자립 교회와 농어촌 교회에서 수고하시는 목사님들과 사모님들을 초청하여 함께 예배를 드렸다. 그날 새벽 예배 후에 그 분들과 함께 대화하며 교제를 나누는 시간을 가졌다. 그때 초대된 분들 중에 보니 신학교를 함께 다녔던 동기 목사님과 사모님도 있었다. 이분은 신학교를 졸업한 이후에 나와는 여러 가지 면에서 대조적인 길을 걷고 있던 분이었다.

나는 신학교를 졸업하던 그해에 바로 사랑의교회에서 사역하게 되었다. 아무래도 대형 교회이다 보니 조금만 수고하면 돌아오는 열매도 많았고 칭찬도 많이 받았던 것 같다. 그런데 그 동기 목사님 부부는 신학교를 졸업하기도 전에 낙도 선교에 대한 비전을 품고 낙도로 들어갔다. 그때부터 지금까지 전체 주민도 얼마 되지 않는 곳에서 더군다나 대부분의 성도가 노인인 곳에서 청춘을 바친 목사님 부부를 보고 있자니 가슴이 뭉클해졌다.

생각해보니 나는 목사가 되고 나서 받은 고난이 별로 없는 것 같다. 그동안 대접을 잘 받아왔다. 그래서 나는 간혹 내가 진짜 하나님의 종으로 쓰임 받고 있는지 검증받아야 한다는 생각을 하곤 한다. 반면에 평생을 낙도에서 헌신한 그 목사님은 누구도 부인할 수 없는 진짜 하나님의 종이다. 그것을 어떻게 아는가? 예수님의 십자가 사랑이 아니면 그 외지에 나가 평생을 보낼 이유가 없는 분들이기 때문이다. 지금도 무명의 이름 없는 종들이 이 대한민국 곳곳에 얼마나 많은지 아는가? 자신의 전 재산을 기부하고 눈물과 사랑으로 연약한 아이들을 돌보는 사람들이 아직도 우리 주변에는 많다.

누군가에게 힘이 되는 존재

우리 아버지는 평생 100명이 넘는 목회를 해본 적이 없는 분이다. 평생을 교회의 부흥을 위해 눈물과 무릎으로 기도하셨지만 교회는 좀처럼 부흥되지 않았다. 그런 아버지에게는 목회자로서의 가시가 하나 있었는데, 바로 말을 더듬는다는 것이었다. 조금 더듬는 것이 아니라 그 정도가 심각했다. 그래서 주일이 되면 새벽부터 11시 예배 전까지 하나님 앞에 긴장하면서 기도하셨다.

"하나님, 오늘 예배 때는 말을 더듬지 않고 주의 복음을 잘 전할 수 있도록 해주세요."

어떤 날은 기도의 응답으로 말을 조금 덜 더듬으시는가 하면, 설교

전에 어떤 분이 상처 되는 말이라도 던지는 날에는 마음에 격동이 일어나 말을 많이 더듬곤 하셨다. 따라서 우리 어머니도 아버지의 말씀 선포를 위해 밤낮을 눈물로 기도하셨다.

어느 날 큰 누나가 옛날을 회고하면서, 자신은 어린 시절 아버지가 등을 바닥에 누이고 편히 주무시는 것을 본 적이 거의 없다고 말했다. 늘 베개를 놓고 웅크리고 앉아 기도하다 주무시는 것을 반복하곤 하셨다는 것이다. 그렇게 밤낮으로 교회를 위해 기도하시던 어느 날 비장한 각오를 가지고 교회를 위해 40일 금식기도를 작정하시다가 하늘의 부름을 받으신 분이 우리 아버지였다.

세상 사람들 기준으로 보면 우리 아버지는 무명의 선지자보다, 기드온의 부하 부라보다 못한 존재일 수 있다. 그러나 나는 우리 아버지가 실패한 목사라고 생각하지 않는다. 하나님 앞에 그 육신의 가시를 가지고 교회를 사랑하고 또 사랑하시어 쏟아부었던 그 기도의 열매가 오늘 고스란히 아들인 나에게 부어지고 있다고 생각하기 때문이다. 아버지의 기도의 열매를 내가 누리고 있는 것이다. 오늘 내 뒤에는 내 육신의 아버지 부라가 계신다. 또한 지금까지 자식을 위해 눈물로 기도하는 무명의 선지자 어머니도 계신다.

지금 당신의 부라는 누구인가? 어린 시절 사랑으로 당신을 양육해주신 주일학교 선생님인가? 아니면 힘들 때마다 서로 의지하며 기도로 동역해준 친구인가? 부라와 같은 존재를 자신의 곁에 두는 것도 인생을 살면서 중요하지만 나는 당신이 누군가의 부라가 되어주길 바란다. 누군가의 부라가 되어 빛나는 주인공도 아니고 스포트라이트도 없지만, 기드온과 같은 하나님의 사람을 길러내고 그의 길을 평탄케 하는 하나님의 충성스러운 숨은 용사가 되기를 진심으로 바란다.

여호와께서 기드온에게 이르시되 너를 따르는 백성이 너무 많은즉 내가 그들의 손에 미디안 사람을 넘겨 주지 아니하리니 이는 이스라엘이 나를 거슬러 스스로 자랑하기를 내 손이 나를 구원하였다 할까 함이니라 이제 너는 백성의 귀에 외쳐 이르기를 누구든지 두려워 떠는 자는 길르앗 산을 떠나 돌아가라 하라 하시니 이에 돌아간 백성이 이만 이천 명이요 남은 자가 만 명이었더라 여호와께서 또 기드온에게 이르시되 백성이 아직도 많으니 그들을 인도하여 물 가로 내려가라 거기서 내가 너를 위하여 그들을 시험하리라 내가 누구를 가리켜 네게 이르기를 이 사람이 너와 함께 가리라 하면 그는 너와 함께 갈 것이요 내가 누구를 가리켜 네게 이르기를 이 사람은 너와 함께 가지 말 것이니라 하면 그는 가지 말 것이니라 하신지라 이에 백성을 인도하여 물 가에 내려가매 여호와께서 기드온에게 이르시되 누구든지 개가 핥는 것 같이 혀로 물을 핥는 자들을 너는 따로 세우고 또 누구든지 무릎을 꿇고 마시는 자들도 그와 같이 하라 하시더니 손으로 움켜 입에 대고 핥는 자의 수는 삼백 명이요 그 외의 백성은 다 무릎을 꿇고 물을 마신지라 여호와께서 기드온에게 이르시되 내가 이 물을 핥아 먹은 삼백 명으로 너희를 구원하며 미디안을 네 손에 넘겨 주리니 남은 백성은 각각 자기의 처소로 돌아갈 것이니라 하시니 이에 백성이 양식과 나팔을 손에 든지라 기드온이 이스라엘 모든 백성을 각각 그의 장막으로 돌려보내고 그 삼백 명은 머물게 하니라 미디안 진영은 그 아래 골짜기 가운데에 있었더라 삿 7:2-8

CHAPTER 12

삶의 결단으로 은혜의 강물이 넘쳐흐르게 하라

지난 특별새벽부흥회 때 우리 교회 성도들의 기도카드를 보며 중보기도를 하는데 한 기도카드가 내 마음에 감동으로 다가왔다.

"하나님, 제가 주님 안에서 현숙한 사람이 되게 해주시고, 예수님을 닮아가는 사람이 되게 해주세요. 또 부모님께 효도하고, 친구들과 주변 사람들에게 꼭 필요한 존재가 되게 해주세요. 또 항상 감사하는 마음으로 살게 해주세요."

이렇게 성숙한 기도 내용을 누가 적었는지 궁금해 살펴보니 열여덟

살의 고등학생이었다. 그 카드에는 가정을 위한 기도문도 있었는데, 내용은 다음과 같다.

"하나님, 아버지가 가정에서나 사회에서나 인정받으며 기쁜 삶을 살도록 해주세요. 또 어머니에게 항상 긍정적으로 생각하는 마음과 위기의 상황에서도 하나님을 의지하며 헤쳐나갈 수 있는 지혜를 주세요."

이 기도카드를 읽는데, 자신의 부모를 향한 이 어린 학생의 애틋한 마음이 고스란히 전해져서 마음이 뭉클해졌다. 그리고 아직 어린 학생임에도 자기 자신을 위한 기도보다는 주변 사람들에게 필요한 존재가 되게 해달라는 기도제목이 귀하게 느껴졌다.

내 마음도 이렇게 흡족했는데, 하나님께서는 어떠셨을까? 분명히 이 어린 학생의 기도를 들으시고 기뻐하셨으리라 믿는다.

은혜의 물꼬

분당우리교회는 일 년에 두 번 특별새벽부흥회를 한다. 이때는 하나님께서 특별한 은혜를 많이 부어주시는 것 같다. 이렇게 특새를 끝내고 나면 가장 중요한 것이 구슬을 꿰는 일이다. "구슬이 서 말이라도 꿰어야 보배다"라는 말처럼 은혜의 구슬을 잘 꿰는 것이 우리에게 맡겨진 과제이다. 그래서 나는 특새가 끝날 때쯤이면 교인들에게 당

부하는 것이 몇 가지 있다.

첫 번째로 그 은혜의 열기를 주일 예배, 주중 예배로 옮겨야 한다. 특별새벽부흥회 때 보통 교인의 3분의 1정도가 참석해 은혜를 누리게 된다. 3분의 1이 변화되면 예배의 분위기는 확 바뀐다. 주위 사람의 심령이 냉랭한 것 같더라도 곳곳에서 주님의 이름을 선포하고 마음을 다해 찬양하며 주님을 높이면 그 사람의 마음도 뜨거워지고 예배 분위기도 점점 더 뜨거워질 것이다. 이처럼 특새가 모든 예배 분위기를 바꾸어놓는 물꼬가 되어야 한다.

두 번째로 이 은혜의 물꼬가 태신자들을 살리는 새생명축제로 연결되어야 한다. 분당우리교회는 특새를 하고 바로 새생명축제를 한다. 은혜가 충만한 상태를 우리 안에 가두는 것이 아니라 태신자들에게 은혜가 흘러가기를 기대하는 마음에서이다.

세 번째로 새벽의 영성이 삶의 큐티로 이어져야 한다. 말씀을 읽고 그것을 묵상할 때 우리 삶이 변화되기 때문이다.

마지막으로 이 은혜의 물꼬가 우리의 이웃에게로 흘러가야 한다. 백두산 천지에서 떨어지는 빗방울이 흘러서 동쪽으로 가면 두만강을 이루고 그 물이 동해로 빠진다고 한다. 또한 빗방울이 흘러서 서쪽으로 가면 압록강을 이루고, 그 물은 빠져서 서해로 간다. 우리가 누리는 은혜의 물꼬가 지금 흐르고 있다. 그런데 어디로 흐르느냐가 중요하다. 그 물꼬가 우리의 수확물에만 흘러 우리의 자녀만 잘되고 우리의 가정만 풍요로워지기를 바라기보다 이것이 우리의 이웃에게로 흘러

축복의 통로가 되게 해야 한다.

앞에서 살펴본 기드온처럼 이 물꼬가 이기적이고 탐욕적으로 변해 금붙이를 모아 에봇 만드는 데로 흐르지 않도록 해야 한다. 우리 모두가 성숙한 신앙과 살아 있는 영성으로 세상을 섬기는 그리스도인이 되기를 소망한다.

잘 준비된 인생

기드온에 관한 사사기 말씀을 살피면서 우리는 두 가지 결단을 해야 한다.

첫 번째는 하나님 보시기에 잘 준비된 인생이 되어야 한다. 이스라엘과 미디안이 벌인 전쟁은 세속적인 전쟁이 아니었다. 그것은 영적인 전쟁이었다. 무기 보유량이나 군사력이 승부의 관건이 되는 전쟁이 아니라 하나님의 도우심에 의지하는 영적 전쟁이었다. 하나님께서는 이 전쟁이 자신에게 달린 영적 전쟁임을 더 분명히 하시려고 3만 2천 명의 수를 300명으로 줄이셨다. 그러다 보니 사람의 힘으로 할 수 있는 것이 아무것도 없다. 실제적으로 엄선하여 뽑힌 300명이 했던 일이 무엇인가? 한 손에는 나팔을 들고, 다른 한 손에는 빈 항아리와 횃불을 들고 신호가 오면 나팔을 불고 항아리를 깨는 것이 다였다. 그러면서 큰소리로 "주님의 칼이다. 기드온의 칼이다"라고 외치는 것이었다.

그까짓 항아리 부수는 일이나 밤에 횃불 들고 소리 지르는 일을 누가 못하겠는가? 그 정도 일을 시키실 것이라면 굳이 물 마시는 자세까지 살피지 않으시고 그냥 앞에 앉은 순서대로 300명을 선출해도 되지 않으셨을까?

여기에 놀라운 진리가 있다. 하나님께서는 비록 항아리 깨는 것과 같은 사소한 일이라도, 횃불 들고 소리 지르는 단순한 일이라도 준비되지 않은 사람과는 일하고 싶어 하지 않으시다는 것이다. 이것이 하나님의 본심이다.

내가 너를 위하여 그들을 시험하리라 삿 7:4

하나님은 엄선하여 선발된 사람들을 하나님의 일에 동참하게 하신다. 우리도 하나님의 이러한 원리를 깨달아 하나님의 은혜를 기대하고 사모하는 잘 준비된 인생이 되길 바란다.

최선을 다하는 인생

두 번째로 하나님 보시기에 최선을 다하는 인생이 되어야 한다. 기드온과 삼백 용사들이 보여준 모습이 바로 이것이다. 그들의 입장에서 한번 생각해보자. 그토록 엄격한 기준에 의해 삼백 용사로 뽑혔는데 하나님께서 시키신 일은 뛰어난 기술이나 전투력을 필요로 하는 일이 아니라 항아리 깨고 나팔 부는 것이 다였다. 그때 그들 안에 불만이 생길 수도 있었다. "아니, 우리를 뭘로 보고 하나님은 이런 시시한 일을 시키시지?" 하면서 말이다. 오늘날 우리 가운데도 이런 원망과 불평으로 살아가는 사람들이 많다.

그러나 하나님은 작은 일에도 최선을 다하는 사람을 찾고 계신다. 교회 주차봉사를 하더라도 거기에 온 마음을 쏟으며 최선을 다할 때, 하나님은 그러한 사람을 기뻐하시며 들어 사용하신다.

신명기 6장 5절 말씀을 보자.

> 너는 마음을 다하고 뜻을 다하고 힘을 다하여 네 하나님 여호와를 사랑하라 신 6:5

여기서 나오는 '힘'은 히브리 단어로 '메어드'인데, 이것은 '성실함' 또는 '성실하게'라는 파생적 의미를 가지고 있다. 따라서 '힘'을 '성실'로 의역해 해석하면 다음과 같다.

> "너는 모든 마음과 모든 영혼과 모든 성실을 다하여 네 하나님 여호와를 사랑하라."

한결같은 우직함

신앙 행위는 모든 성실을 다하는 것이다. 예수님은 그런 사람을 찾고 계신다. 이 기준으로 사람을 등용하신 가장 대표적인 인물이 베드로이다. 예수님이 베드로를 제자로 삼으실 때의 장면을 살펴보자.

> 말씀을 마치시고 시몬에게 이르시되 깊은 데로 가서 그물을 내려 고기를 잡으라 시몬이 대답하여 이르되 선생님 우리들이 밤이 새도록 수고하였으되 잡은 것이 없지마는 말씀에 의지하여 내가 그물을 내리리이다 하고 눅 5:4,5

여기에서 베드로의 두 가지 모습을 볼 수 있다. 하나는 어부로서의 '무능함'이다. 고기 잡는 것이 직업인 사람이 밤새 고기 한 마리 잡지 못했다는 것이 말이 되는가? 오늘날로 치면 베드로는 무능한 직장인, 실패한 사업가이다.

그런가 하면 베드로의 두 번째 모습은 '우직함'이다. 베드로에게는 비록 밤새 고기 한 마리 못 잡아도 자신의 일을 묵묵히 행하는 우직함이 있었다. 어지간한 사람 같았으면 "오늘은 일진이 좋지 않군" 하며 그냥 집으로 돌아가 쉬었을 것이다. 그런 날은 보통 일을 일찍 접고 집에 들어가기 마련이다.

그런데 만약 베드로가 그날 보통 사람들처럼 집으로 일찍 들어갔다면 그는 예수님의 제자가 될 수 없었을지도 모른다. 왜냐하면 예수님은 밤이 다 지나간 새벽에 나타나셨기 때문이다.

이러한 베드로의 모습을 보면서 내가 깨달은 것은 실패를 두려워해서는 안 된다는 것이었다. 고기로 가득 채워야 하는 배에 고기 한 마리 없는 현실을 너무 걱정하지 말라. 조금만 더 기다리면 밤이 새도록 고기 한 마리 못 잡은 그 실패가 예수 그리스도의 말씀을 통해 만선(滿船)

의 축복이 될 줄로 믿는다.

하나님을 향한 열심

우리가 진정으로 두려워해야 할 것은 실패가 아니라 영적 게으름이다. 밤이 새도록 고기 한 마리 잡히지 않는 것이 현실이지만 그 열정은 사그라지지 않는 것이 중요하다. 내게 맡겨진 일이라면 나는 오늘 밤을 새더라도 이 일을 끝마치겠다는 마음자세가 중요하다.

우리는 살면서 잔머리를 너무 많이 굴린다. 잔꾀가 너무 많다. 우리의 얕은 생각이 영적 게으름을 불러온다.

뜨겁게 하나님을 찬양할 때 스스로도 놀란 적이 있지 않은가? 내 안에 이런 뜨거운 열정이 숨어 있었나 하면서 말이다. 하나님께서 기뻐하시는 것은 내게 주어진 일에 최선을 다하는 것이다. 찬양 한 곡을 불러도 온 마음을 다해 하나님을 경배해야 한다.

나는 '하나님께서는 왜 많고 많은 사람들 중에 바울을 택하여 일하셨을까?' 하는 의문을 품은 적이 있다. 당시 예수님을 따르는 사람들 중에 예수님이 부르시기만 하면 기꺼이 복음을 증거할 사람들이 많이 있었다. 그런데 예수님은 왜 이미 잘 다듬어진 사람들 중에 한 사람을 택하여 사용하지 않으시고 회심조차 하지 않은 바울을 부르신 것일까? 더욱이 그토록 자신과 자신의 제자들을 핍박한 바울을 말이다.

그때 내가 깨달은 것이 있다. 그것은 사울이 진리를 알지 못했기 때문에 예수님을 따르던 사람들을 핍박했다는 사실이다. 당시 예수님을 핍박하던 사람이 바울뿐이었겠는가? 수많은 사람들이 예수님을 핍박했다. 그런데 그중 제일 열심을 내어 핍박했던 사람이 바로 바울이었다. 이것을 보시고 하나님께서 어떻게 생각하셨을까?

'바울은 잘못된 생각만 교정시켜주면 저 열심을 가지고 하나님나라의 큰 일꾼이 되겠구나.'

이렇게 생각하시지 않았을까? 하나님의 기준이란 그런 것이다.

하나님의 은혜 안에서

나는 게으른 그리스도인들보다 열심 있는 비(非) 그리스도인들이 하나님께로 돌아오면 더 크게 쓰임 받지 않을까 생각한다. 이것은 아주 중요한 이야기이다. 게으른 그리스도인의 자리는 너무나 위험하다. 우리 안에 예수님을 향한, 복음을 향한 열정이 회복되기를 바란다. 그래서 바울을 쓰시는 하나님의 기준, 베드로를 쓰시는 하나님의 기준이 우리에게도 적용되기를 바란다.

하나님께서 왜 나를 목사로 부르셨을까 생각해봤을 때, 그 이유 중 하나가 부족하지만 그래도 나의 열심에 있는 것 같다. 시카고로 이민 가서 죽을 둥 살 둥 하며 열심히 살아가는 모습을 보시고 '그래, 그 열심 가지고 목회해라'라고 하신 것 같다. 당시 나는 마흔 살에는 한국으로 돌아와 고아원과 양로원을 세울 계획이었다. 그러기 위해서는 정말 온 힘을 다해 돈을 벌어야 했다. 그런데 하나님께서는 그 열심을 목회에 쏟기 바라셨던 것이다.

나는 한국에서 설교를 제일 잘하는 목사도 아니고 가장 잘 알려진 목사도 아니지만, 하나님 앞에 한 가지 욕심이 있다. 그것은 한국에서 제일 열심히 설교 준비하는 목사, 제일 열심히 목회하는 목사가 되는 것이다. 우리 모두에게 하나님께서 맡기신 소명에 대한 열정이 회복되는 은혜가 있기를 바란다.

그런데 중요한 것은 이런 우리의 열정과 열심이 하나님의 은혜의 울타리 안에서 이루어져야 한다는 사실이다. 기드온이 열정의 사람이었지만, 그의 열심이 13만 5천 명의 적군을 300명으로 무찌르는 큰 역사를 이룬 것은 아니다. 기드온과 삼백 용사의 열심은 하나님의 은혜라는 큰 영역 안에서 놀라운 힘을 발휘했다. 한마디로 우리의 열심은 하나님의 은혜 안에 속한 부분집합인 셈이다.

승리의 삶을 위하여

하나님께서는 작고 초라한 기드온 같은 우리나라를 향해 "큰 용사여!"라고 부르시고 일으켜 세워주셨다. 그리고 자격 없는 우리에게 성령의 갑옷을 입혀주셨다. 그래서 한국교회가 기드온처럼 불같이 쓰임 받을 수 있게 되었다. 대대로 내려온 우상을 버리고 하나님만을 섬기며 겸손히 그분 앞에 나아갔을 때, 하나님께서는 한국교회를 엄청난 부흥의 현장으로 바꿔주셨다.

내가 풀러신학교에서 수업을 들을 때 한 교수님이 통성기도를 가리켜 'Korean prayer', 즉 '한국식 기도'라는 말을 쓰셨다. 이 정도로 한국은 세계 기독교에 큰 영향을 미치는 나라가 되었다.

그런데 불행하게도 우리에게 교만이 스며들었다. 성령님이 입혀주신 제복에 만족하지 못하고 스스로 높아지기 위하여 금으로 만든 에봇을 덧입기 시작한 것이다. 그래서 안타깝게도 오늘날 한국교회는 사사기 8장 가운데로 진입한 수치 가운데 있다.

이러한 때에 우리가 해야 할 일이 무엇일까? 주님의 경고의 말씀을 기억해야 한다.

> 너희가 이같이 어리석으냐 성령으로 시작하였다가 이제는 육체로 마치겠느냐 갈 3:3

경건의 능력은 없으면서 경건의 모양만 갖추고 있는 금으로 만든 에봇을 벗어 던져버리면 우리 안에 계시는 성령님이 주신 제복이 발견될 것이다. 그리하여 사사기 7장을 지나 사사기 8장으로 진입하는 인생이 아니라 하나님이 함께하시는 사사기 7장의 삶, 승리의 삶만을 주님 오시는 그날까지 누리는 우리가 되길 소망한다.

일어나라

에필로그

하나님이 함께하시니
더 이상 두렵지 않다!

지난 가을, 특별새벽부흥회가 진행되는 내내 교회 간증게시판은 회복을 경험한 성도들의 감격으로 가득했다. 그중에서 유난히 내 마음을 울리던 글이 하나 있었다. 마지막 교정을 마치고 출판사에 원고를 넘긴 다음날 아침, 그 간증의 글이 다시 내 마음을 뜨겁게 달구었다. 지금 다시 그 글의 일부를 인용한다.

"그렇지만 왠지 모를 마음의 평화가 있습니다. 하나님이 어떻게 이끌어가실지 보이지 않아도 믿음이 생깁니다. 기대가 됩니다. 특새 기간 동안 기도하는 중에 하나님이 보여주신 한 가지 그림이 있습니다. 바로 코앞도 보이지 않는 안갯속에서 손이 하나 보였습니다. 그 손을 잡았습니다. 그 손을 잡고 참 많이도 울었습니다. 하나님께 너무 죄송하고 감사해서…. 여전히 한 치 앞도 보이지 않지만 이상하게 불안하지 않습니다. 앞으로 다시 다치고 넘어지고 상처받아도 하나님께서 지금까지 나를 홀로 내버려두지 않으셨던 것처럼 앞으로도 함께 계실 것을 믿습니다."

아픈 다리로 휘청휘청 예배실을 걸어나가는 남편의 뒷모습을 보면서 더 이상 무기력한 한숨이나 좌절이 아닌 새 소망을 본다고 고백하는 집사님, 지금까지 자신에게 있었던 모든 고통이 저주가 아니라 축복의 통로이며, 혹 앞으로 시련이 닥쳐와 다시 쓰러질지도 모르지만 더 이상은 하나님이 계시지 않는 것처럼 두려워하지 않을 것을 다짐하며 취업과 창업의 갈림길에서 다시 한 번 일어서게 해주신 하나님을 높여드린 자매님 등 간증게시판에는 이렇게 눈앞의 현실은 변하지 않았지만 내 마음이 변했다는 고백이 줄을 이었다.

지금도 꽉꽉한 현실은 그대로이다. 우리 눈앞에는 어제와 같은 고통스러운 현실이 펼쳐져 있다. 그러나 더 이상 나는 두렵지 않다. 나의 두려움을 평안으로 바꾸어주신 하나님께서 늘 내 곁에 함께 계심을 알기 때문이다.

하나님께서는 두려움에 사로잡혀 비굴하게 숨어 있던 기드온을 찾아가 "큰 용사여!"라고 불러내어 일으키셨다. 그리고 그때부터가 시작이었다. 하나님은 그를 일으켜 적들과 싸우게 하셨고, 그를 고통에 빠진 민족을 구원할 하나님의 용사로 만드셨다. 우리도 이제부터 시작이다. 하나님께서는 오늘도 살아 계셔서 은혜를 갈망하는 자들에게 은혜 베풀기를 원하신다. 그리고 "일어나라!"라는 힘찬 선언의 말씀으로 힘 주기를 원하신다.

시 한 편을 소개할까 한다. 20세기 초 미국에서 큰 인기를 얻었던 에드가 A. 게스트(Edgar A. Guest)의 〈그대의 눈물〉이라는 시이다.

하나의 깨어진 꿈은
모든 꿈의 마지막이 아니다

하나의 부서진 희망은
모든 희망의 마지막이 아니다

폭풍우와 비바람 너머로
별들이 빛나고 있으니
그대의 성곽들이 무너져 내릴지라도
그래도 다시 성곽 짓기를 계획하라

비록 많은 꿈이 재난에 무너져 내리고
고통과 상한 마음이
세월의 물결에서 그대를 넘어뜨릴지라도
그래도 신앙에 매어 달려라

그리고 그대의 눈물에서
새로운 교훈을 배우기를 힘쓰라

   나는 이 시를 읽을 때마다 힘든 오늘의 시대를 살아가는 우리 모두에게 들려주시는 하나님의 따뜻한 사랑의 음성 같다는 생각이 든다. 이 책을 읽는 모든 분들에게 이런 하나님의 따뜻한 사랑의 손길과 음성이 들려지기를 기대하고 기도하며, 글을 마친다.

일어나라

초판 1쇄 발행	2011년 12월 19일
초판 26쇄 발행	2019년 6월 20일
지은이	이찬수
펴낸이	여진구
책임편집	이영주
편집	김아진, 안수경, 최현수, 김윤향, 권현아
디자인	마영애, 노지현, 조아라, 조은혜
기획·홍보	김영하
해외저작권	기은혜
마케팅	김상순, 강성민, 허병용
마케팅지원	최영배, 정나영
제작	조영석, 정도봉
경영지원	김혜경, 김경희
이슬비전도학교	최경식
303비전성경암송학교	박정숙
303비전장학회 & 303비전꿈나무장학회	여운학
펴낸곳	규장

주소 06770 서울시 서초구 매헌로 16길 20(양재2동) 규장선교센터
전화 02)578-0003 팩스 02)578-7332
이메일 kyujang0691@gmail.com 홈페이지 www.kyujang.com
페이스북 facebook.com/kyujangbook 인스타그램 instagram.com/kyujang_com
카카오스토리 story.kakao.com/kyujangbook
등록일 1978.8.14. 제1-22

ⓒ 저자와의 협약 아래 인지는 생략되었습니다.
이 출판물은 저작권법에 의해 보호를 받는 저작물이므로 무단 전재와 무단 복제를 할 수 없습니다.

책값 뒤표지에 있습니다.
ISBN 978-89-6097-246-9 03230

규 | 장 | 수 | 칙

1. 기도로 기획하고 기도로 제작한다.
2. 오직 그리스도의 성품을 사모하는 독자가 원하고 필요로 하는 책만을 출판한다.
3. 한 활자 한 문장에 온 정성을 쏟는다.
4. 성실과 정확을 생명으로 삼고 일한다.
5. 긍정적이며 적극적인 신앙과 신행일치에의 안내자의 사명을 다한다.
6. 충고와 조언을 항상 감사로 경청한다.
7. 지상목표는 문서선교에 있다.

하나님을 사랑하는 자 곧 그의 뜻대로 부르심을 입은 자들에게는 모든 것이 합력하여 善을 이루느니라(롬 8:28)

규장은 문서를 통해 복음전파와 신앙교육에 주력하는 국제적 출판사들의 협의체인 복음주의출판협회(E.C.P.A:Evangelical Christian Publishers Association)의 정식회원이 되었습니다.